Couverture inférieure manquante

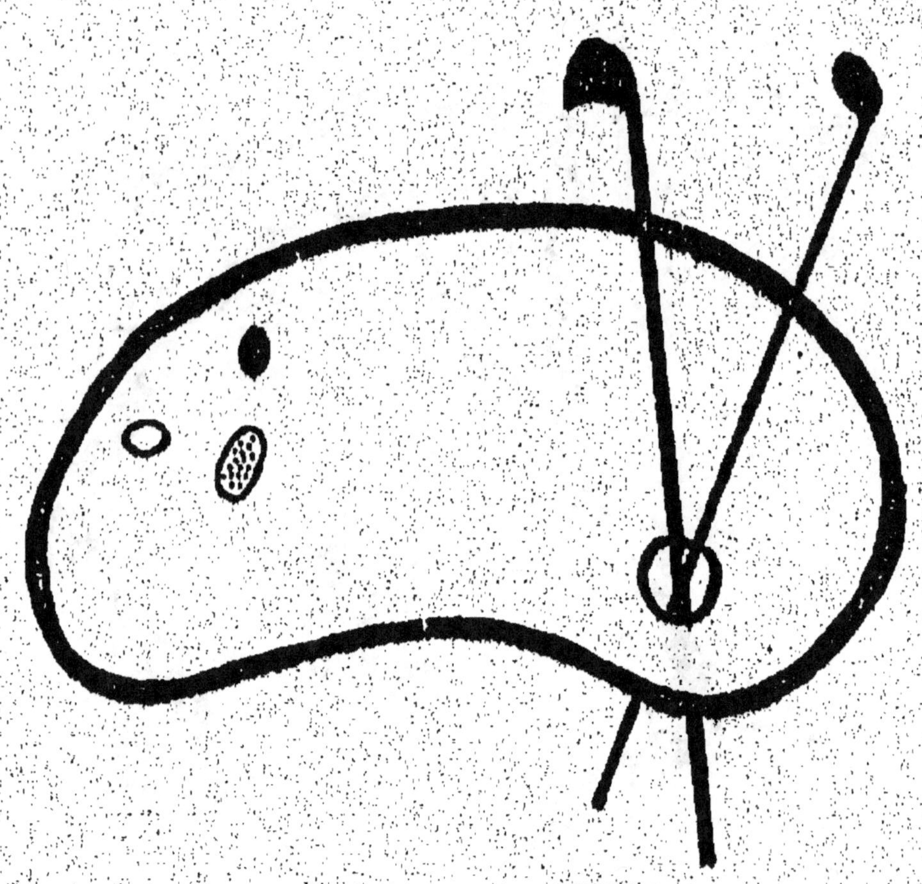
DEBUT D'UNE SERIE DE DOCUMENTS
EN COULEUR

A LA

COMMISSION D'ETUDE

DES QUESTIONS ALGERIENNES

———◆———

REPONSE A SON QUESTIONNAIRE

———◆———

Par TH. CELLERIN

Rédacteur en chef de la " Liberté " Bône (Algérie).

1891

Bône. — Imp. Typ. de la *Liberté*

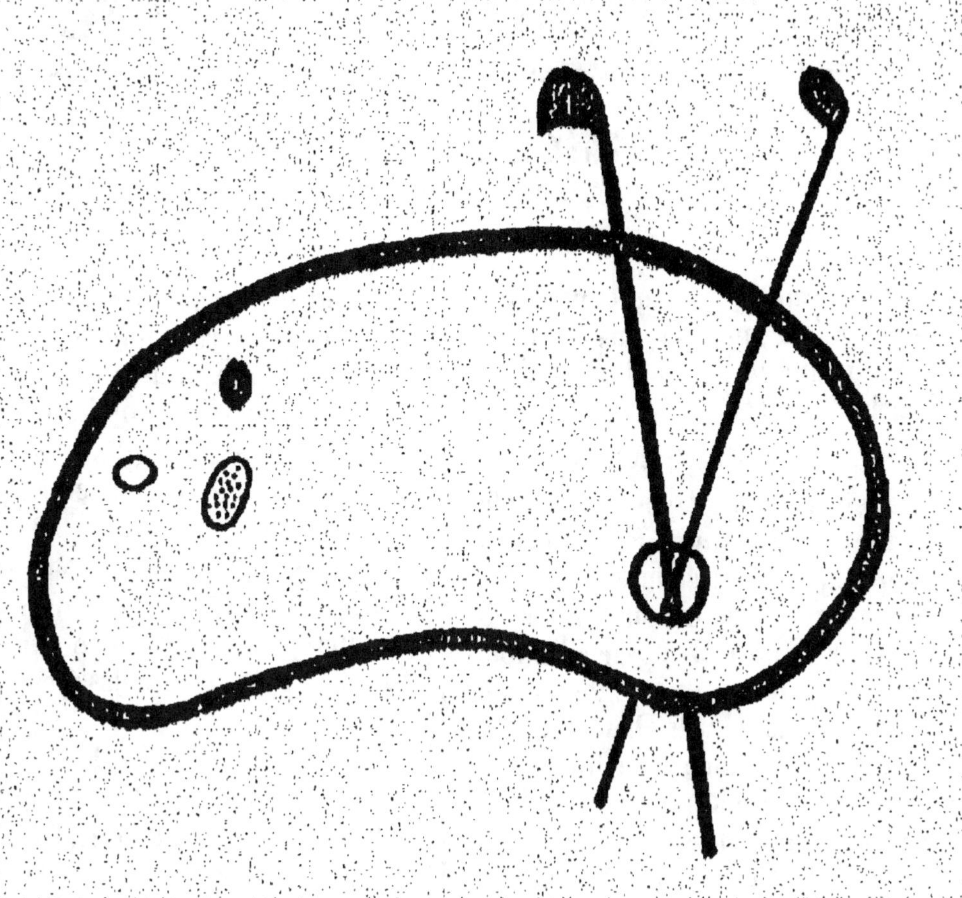

FIN D'UNE SERIE DE DOCUMENTS
EN COULEUR

A LA
COMMISSION D'ÉTUDE
DES QUESTIONS ALGÉRIENNES

RÉPONSE A SON QUESTIONNAIRE

§ 1er

Pour rendre l'Algérie prospère, pour qu'elle ne soit pas éternellement un boulet au pied de la Mère-Patrie, il faut :

1° L'IRRIGUER EN TOUS SENS

Créer d'un seul jet, son système d'irrigation et le développer sur la plus vaste échelle, barrer les ravins, barrer les riviéres, capter toutes les eaux, les faire courir par d'innombrables canaux dans nos vastes plaines, sur les Hauts-Plateaux, faire du pays, un immense jardin.

Telle est la clef de voûte de la richesse publique.

Les autres questions ne sont que diffuses et secondaires ; quelques-unes sont aussi difficiles à resoudre que la quadrature du cercle et il faut la témérité de l'éloignement et de l'ignorance, pour les aborder d'un cœur léger et pour vouloir les trancher à tort et à travers, comme des corneilles abattant des noix.

Si la Commission d'études sur l'Algérie veut aboutir à quelque chose de grand et de durable, au lieu de faire de la sensiblerie, de la philantropie idiote et anti-française, au lieu de préparer l'expulsion de la France, par une assimilation impossible de la race indigène, qu'une inexorable religion sépare de nous à jamais, qu'elle s'applique à développer en Algérie, dans son intégralité, le bienfait incalculable des irrigations.

Si elle y parvient, en décidant le Parlement, le Sénat, à consentir les sacrifices nécessaires, elle aura bien mérité de la reconnaissance publique.

La *Liberté*, journal de Bône (Algérie) évalue à cent millions, l'ensemble des travaux à effectuer pour remplir son programme de vie et de résurrection.

Il ne faut pas entreprendre mille choses à la fois, comme on l'a pratiqué jusqu'ici.

Une seule suffit si elle est féconde, merveilleuse comme celle que nous proposons, les autres doivent être abandonnées à l'initiative privée, elles aboutiront d'elles-mêmes, par la force des choses et le besoin des capitaux de trouver un emploi sûr et rémunérateur, par exemple les chemins de fer dont l'exécution aura lieu facilement, sans garantie

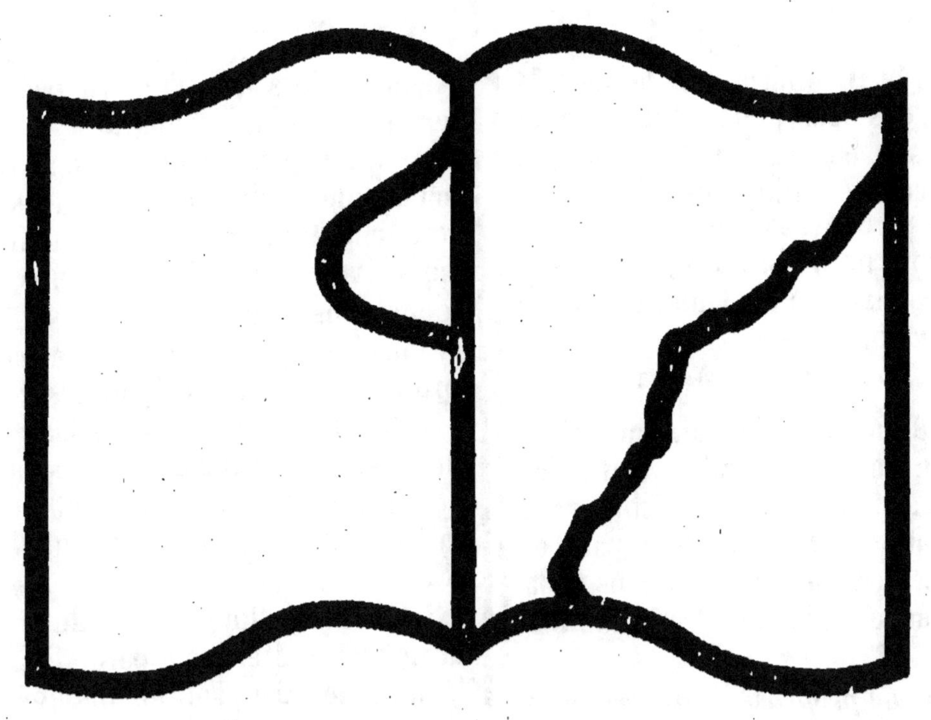

Texte détérioré — reliure défectueuse
NF Z 43-120-11

VALABLE POUR TOUT OU PARTIE DU
DOCUMENT REPRODUIT

d'intérêts usuraires, de la part de l'État, des départements et des communes, a cablés par ces charges, sans compensation, puisque les régions parcourues par les voies ferrées sont pour ainsi dire, improductives, en raison de l'absence totale d'irrigations.

2° MOBILISER LA PROPRIÉTÉ

L'affranchir de la main-morte qui l'étreint en pays arabe, la rendre aussi facilement transmissible qu'une canne ou un parapluie, par l'établissement de l'acte Torrens et la délivrance rapide de titres aux indigènes.

Plus de propriétés indivises, plus de propriétés arch.

Le Sénatus Consulte du *22 avril 1863* a été un crime contre la colonie, en reconnaissant aux indigènes un droit définitif de propriété sur des terres qu'ils n'occupaient jusqu'alors, qu'à titre précaire et par une tolérance grâcieuse du gouvernement turc avant la conquête, lui seul étant effectivement propriétaire du fonds et en réglant l'usage à son gré et d'après son bon plaisir.

La France, succédant à la domination turque, hérita de ses droits et elle a eu tort de les aliéner, par un acte de générosité qui n'a abouti qu'à remettre en des mains indolentes, inertes, paresseuses, d'immenses territoires, dont la colonie a été privée, à ce point qu'on nous fait rire en parlant d'émigration en Algérie, alors que l'on n'a pas de terres à offrir aux immigrants et que ceux qui se hasardent à y venir solliciter une attribution terrienne, s'en retournent, la plupart du temps, sans avoir rien obtenu, après de longs mois écoulés en vaines sollicitations et après avoir dévoré, sans profit, leurs faibles épargnes.

C'est une honte, mais, hélas ! Le mal est irréparable et il faut s'incliner devant l'incommensurable désastre, fruit du Sénatus Consulte de 1863.

La France a toujours été dupe de sa magnanimité, elle a perdu Saint-Domingue, par l'affranchissement intempestif des Nègres et elle perdra l'Algérie, si elle ne se garde des élans de son cœur, par l'émancipation et la culture intellectuelle des éléments indigènes, en une manière trop hâtive et manquant de mesure.

Nous ne voulons pas lui dire d'abandonner son caractère national, qui en fait le premier des peuples de lumière, de Justice et de Liberté, mais, d'en modérer les transports et d'en calculer au préalabe, les conséquences.

Ainsi, pense t-elle que la jeunesse musulmane, qu'elle fait instruire dans ses collèges, lui est attachée, lui garde au fonds du cœur quelque reconnaissance ? Si oui, elle tombe dans une cruelle et fatale erreur, et nous le démontrer.

Depuis quarante ans, nous habitons l'Algérie, la langue arabe nous est familière, nous avons des amis, parmi les indigènes et nous avons remarqué que ce sont précisément ceux parlant et écrivant la langue française, dont l'hostilité contre notre domination est la plus accentuée. Leur religion est là pour leur rappeler que nous sommes des ennemis et des envahisseurs, le développement de leurs facultés, nos idées libérales ne font que les affermir dans cette pensée et, si jamais l'heure de la délivrance leur semblait sonnée, ils seraient les premiers à lever l'étendard du prophète, à se mettre à la tête des fils de l'Islame, à se servir de leur instruction pour se procurer les armes nouvelles, en enseigner l'usage aux leurs et essayer de nous précipiter dans la mer.

Et d'ailleurs, qui oserait les blâmer de cet amour de leur Patrie, on n'arrache pas ce sentiment sacré du cœur de l'homme, il est inné et il est des plus respectable, nous lui devons tout notre être, notre savoir et les clartés que le destin a mis à nos fronts.

Que l'on vienne proposer à nos frères d'Alsace et de Lorraine d'aimer les Prussiens ; leur réponse nous dirait ce que les Arabes ont de tendresse pour nous et il nous faudrait les applaudir, parce qu'ils obéiraient les uns et les autres à une loi naturelle : l'adoration de la Patrie et de son indépendance.

Cette digression nous a un peu éloigné du Senatus Consulte de 1863, nous avons dit qu'il a été désastreux pour la colonisation et nous le maintenons, mais, c'est un fait accompli et il ne reste plus qu'à chercher à en atténuer le mal.

La loi de 1873 aurait pu atteindre ce but, si son exécution avait été rapide, or, l'on sait que depuis 18 ans qu'elle fonctionne, la propriété individuelle n'a été encore constituée que sur un quart à peine de son ensemble, en sorte que la majeure partie des tribus est encore dans l'indivision et y restera longtemps, en appliquant à l'avenir, les errements du passé.

Cependant, les indigènes ont été frappés depuis 1873, d'une augmentation d'impôt, d'un décime par franc, augmentation spécialement affectée par une disposition inviolable, sans improbité, aux frais de mensuration, de levée des plans, d'examen des actes produits, et de délivrance des titres, mais, hélas ! une partie des levés a été confiée à des agents incapables, dont le travail a été inutile, le gaspillage s'en est aussi largement mêlé, et aussi le vol, avec de grandes ailes, puisque le gouvernement général, un certain jour, a été incapable d'indiquer l'emploi *d'un million et demi, manquant à la caisse du Sénatus Consulte.*

Ainsi, le détournement des fonds provenant des centimes additionnels, affectés à la constitution de la propriété indigène, a été une des causes premières de l'inexécution de la loi de 1873.

Quant à la loi du 8 avril 1887, elle n'a fait que compliquer une situation déjà obscure.

Elle a introduit les tribunaux, les avoués, les notaires dans son fonctionnement et les frais de partage et de licitation sont devenus écrasants ; chaque partage amène l'annexion à sa minute, d'un volume de titres anciens, auxquels il faut ajouter les exposés savants, les fixations de parts, la détermination du droit de chaque co-licitant ou co-partageant dans le prix à répartir, en sorte que les expéditions délivrées aux intéressés sont, à elles seules, toute une bibliothèque dont le coût représente une dépense exorbitante, à tel point que les frais absorbent souvent la majeure partie des sommes à distribuer.

Cette loi a pu enrichir quelques-uns, mais, par compensation, elle a considérablement appauvri ses prétendus bénéficiaires.

Quant à des transactions entre indigènes et européens, elle en a peu amené, son applicat'on étant d'un formalisme très coûteux, sans assurer davantage la sécurité des nouveaux possesseurs.

Tel est le dédale inextricable créé par ces fantaisies législatives.

Que faudrait-il pour en sortir ?

Simplement remettre aux tribus le droit de se faire délimiter à leurs frais et supprimer le fonds commun provenant du dixième en sus, avec lequel on joue si agréablement de la flûte.

Les indigènes sont très désireux d'obtenir des titres de propriété individuelle et ils ne reculeront devant aucun sacrifice, pour atteindre ce résultat.

On pourrait même créer à la colonie, un fonds considérable de colonisation, en percevant sur chaque titre individuel délivré, un droit de 2 fr. 75 p. 0|0, plus le décime en sus, sur la valeur des biens reconnus propriété particulière, en taxant l'hectare de terre à un prix moyen de 100 francs.

RÉGIME DES EXPROPRIATIONS, OCCUPATIONS D'URGENCE

Nous ne voyons pas de critiques sérieuses à formuler sur ce point, toujours les indemnités allouées ont été supérieures à la valeur réelle des biens expropriés et s'il est des points noirs que nous n'apercevons pas, ils seront sans doute signalés par des écrivains plus compétents en la matière.

D'autant plus qu'il faudrait être un Solon, pour résoudre le questionnaire de la Commission d'étude sur l'Algérie.

CONSTITUTION DE L'ÉTAT-CIVIL

Ça n'intéresse ni les français, ni les arabes, qui y sont absolument réfractaires et ne comprennent même pas qu'on les tyrannise de la sorte.

L'USURE CHEZ LES ARABES

L'arabe emprunte avec l'arrière-pensée de ne jamais rendre, aussi est-il très large sur la question d'intérêts, mais les mozabites, les israélites et même les kabyles ne craignent pas de s'aventurer avec lui et parviennent, à force de ruse et de patience, à le faire suer plusieurs fois, le capital engagé; c'est un duel de fourberie entre l'acheteur et le vendeur, le prêteur et l'emprunteur, l'emprunteur et le prêteur, dans lequel ce dernier, mieux affiné, parvient souvent à remporter la palme, c'est-à-dire à ruiner son adversaire.

Quel remède apporter à cette guerre de tous les jours ?

La Commission des 18 semble désireuse, avant d'organiser le crédit aux colons, ce qui serait français et démocratique, de créer d'abord celui aux indigènes.

A votre aise, Messieurs, mais le plus grand obstacle à la mise en pratique de votre philantropie islamique, sera sans doute, l'absence de garanties pour vos prêts, s'ils ne sont pas collectifs, s'ils ne sont pas garantis par la grande féodalité arabe, car l'unité, l'individu chez un peuple nomade glisse et disparaît comme une anguille, vous laissant en main, son burnous crasseux, déchiré et constellé de poux.

Or, si les prêts sont collectifs, les rongeurs israélites, mozabites, kabyles, seront remplacés par les kebirs de la tente et le malheureux fellah n'en sera que plus misérable.

Avec ses vampires actuels, il a la chance encore assez fréquente de leur brûler la politesse et de tout garder, mais une fois rivé à l'aristocratie arabe, il n'aura plus d'échappatoire et sa ruine n'en sera que plus certaine, plus radicale. Ecoutez à cet égard, les révélations de notre collaborateur indigène, Si Bou Chagour (le père de la hache.

BANQUE DE L'ALGÉRIE. — COMPTOIRS D'ESCOMPTE

La Banque de l'Algérie est un instrument de crédit usé par la politique, ses bilans sont faux, ses agissements malpropres, sa caisse vide, ses dividendes fictifs, elle n'est debout que par la complaisance ou la complicité du ministère des finances ; son portefeuille, dans lequel Monsieur le sénateur Lesueur figure pour plus d'un million, vaut à peine le 20 p. 0⁄0 de son chiffre nominal, son déficit avec un capital constitutif de 20 millions, est évalué à 85 millions, en se basant simplement sur l'évaluation de la valeur de son portefeuille ; ses statuts, elle les a violés, foulés aux pieds ; son papier qui devrait être réalisable à 90 jours de terme, est, à peu de chose près, collusoire, de circulation, immobilier et irrécouvrable.

C'est le destin de tout instrument de crédit livré aux mains d'un parti politique quelconque ; on a prêté à l'opinion et non à la solvabilité; fragile garantie que l'opinion, que l'élévation électorale des gros engagés. Comme M. Lesueur, sénateur, ils commencent par faire un trou, d'un, deux ou trois millions dans la lune et alors la Banque, pour les sauver, pour se sauver elle-même, pour rattraper son argent en aventure de nouveau, en vue de les faire élire maires, conseillers généraux, députés, sénateurs, espérant que, grâce à leur nouvelle situation, ils rouveront quelque spéculation inavouable, quelque isthme de Panama à percer et qu'ils se libèreront envers elle en faisant d'autres dupes.

Hélas ! L'histoire de la Banque de l'Algérie tient à un ordre de choses dont les craquements lugubres détonnent souterrainement jusqu'à l'explosion à ciel ouvert, elle sera formidable et elle emportera aussi bien la pauvre Banque que le monde interlope qui grouille dans ses flancs et en fait un tout immonde.

Tel est le grand établissement que l'on rêve de placer à la tête du Crédit algérien et tunisien, alors qu'il n'a que des ressources fictives, illusoires, provenant de sa fabrication immodérée et anti-statutaire de billets de Banque.

Il nous semble à nous, que sa liquidation s'impose et qu'il faut transmettre son monopole à une nouvelle Société, absolument financière et ne subissant, en aucun cas, l'influence de la politique et des hommes qui la dirigent.

Une Banque coloniale ayant un droit d'émission de billets de Banque, égal aux 3|4 de ses prêts hypothécaires, rendrait à l'Algérie d'éminents services, surtout si on développait les irrigations sur une grande échelle. Ces banques fonctionnent dans les colonies étrangères et y créent la richesse et la prospérité.

On nous parle des comptoirs d'escompte agricoles, alimentés par la Banque de l'Algérie, hélas ! Grâce à l'épuisement de leur nourricière, ils n'enfantent que la ruine et les expropriations ; il serait bon de lire à ce sujet les articles du *Petit Souk-Ahras*. Nous les recommandons à la Commission des 18.

PEUPLEMENT FRANÇAIS ET EUROPÉEN

La terre doit être réservée au seul élément français d'origine, c'est une duperie de l'accorder à des naturalisés qui ne se rangent sous notre drapeau que par raison d'intérêt et n'en gardent pas moins au fonds de leur cœur, le culte de leur patrie ; cela se comprend en Amérique, où les étendues à mettre en valeur sont immenses et inépuisables, mais, en Algérie, où il n'y a plus de places pour nos nationaux, c'est de la démence et introduire en même temps, au cas d'une guerre navale, le loup dans la bergerie.

COLONISATION OFFICIELLE OU LIBRE CONCESSION GRATUITE OU VENTE DES TERRES

L'un et l'autre système serait bon parallèlement si, dans la pratique, le favoritisme, les récompenses électorales, n'étaient pas le seul mobile de l'administration dans la répartition de ses bienfaits, cela tient à la corruption honteuse exercée sur le suffrage universel, devenu ainsi un arme d'abaissement du niveau moral des populations.

La concession gratuite doit rester ouverte aux fils de colons et aux immigrants français, mais sans condition de construction. Le sol doit être libre, une fois donné, de façon à ne pas contraindre le bénéficiaire à dépenser ses faibles ressources à des constructions ruineuses; qu'il habite dans un gourbi, c'est son affaire, le soin de sa santé et de sa sécurité fera le reste et plus que l'administration, il aura hâte de se donner quelque confortable.

Tout au plus pourrait-on exiger de lui une mise en culture européenne du tiers de son attribution dans les deux premières années de sa mise en possession et ne lui délivrer son titre définitif, qu'après cette justification qu'il pourrait produire dès la première année, si bon lui semblait.

Il serait bien également de vendre des lots de ferme de 100 hectares, pour les émigrants aisés.

La concession à titre gratuit ne saurait avoir une étendue de moins de 30 hectares en plaine et de 60 hectares en coteaux, car le sol en Algérie, est loin d'être productif, comme en France, il est souvent épuisé ou il lui manque des principes essentiels à sa grande production, puis, il y a les sauterelles, les sècheresses, le sirocco, les inondations, la grêle et il faut une complète ignorance des déceptions réservées aux colons pour prétendre qu'il peut vivre et prospérer sur un lot de 10 hectares, à moins qu'il soit irrigable.

Un de nos confrères, dans la *Gazette Algérienne*, soutenait cette utopie ; sa mise en pratique aurait des conséquences funestes pour la colonisation et nous ramènerait aux déplorables errements appliqués aux villages de Mondovi et de Barral, en 1848, c'est-à-dire a la perspective pour le colon, de l'éternelle misère pour lui et sa famille.

NATURALISATION DES ÉTRANGERS

A Rome, à l'époque de sa domination universelle sur le monde connu d'alors, le titre de citoyen Romain ne s'acquérait qu'après des services exceptionnels rendus au peuple romain.

C'était un honneur insigne.

En Algérie, la naturalisation française a lieu sans aucune garantie, on sacrifie, la Patrie à des combinaisons électorales. Les naturalisés sont de dociles moutons pour les hommes déjà au pouvoir, on les embrigade, on les mène à l'urnecomme un troupeau ; les jours d'élection, des cabarets sont ouverts, on y boit sans payer et là, on reçoit le prix de son suffrage. C'est un honteux scandale donnant horreur de l'idée républicaine ainsi pratiquée.

C'est, en outre, assurer la prépondérance de l'élément étranger sur l'élément français.

Tout le monde est chez lui en Algérie, excepté le français,et nous ne sommes, en fait, que les gendarmes des colonies étrangères, nous ne savons vraiment pourquoi les nations voisines nous envient nos conquêtes, nous y sommes si bons enfants que nous leur évitons toutes les dépenses des fondations nouvelles, en leur en réservant tous les bénéfices.

Déjà, le déplorable décret Crémieux a jeté la masse ignorante des Israélites dans la balance, le mal n'est-il pas assez grand et n'est-il pas navrant d'assister à cette immonde bataille des urnes où les israélites insconscients viennent jeter leur bulletin vénal, sans encore accroître ce désordre moral et matériel dans les résultats, d'une deuxième armée inconsciente d'électeurs, celle des naturalisés.

Si encore on avait exigé des uns et des autres, qu'ils sachent lire et écrire correctement en frança's et qu'ils eûssent servi effectivement la France, mais non, rien, aucune garantie, aucune précaution ; c'est la déchéance absolue de l'élément français et la préparation à un changement de domination.

Tout cela, parce que des hommes impopulaires auprès de leurs nationaux, trouvent,dans l'ignorance des israélites et des naturalisés,un moyen d'établir et de perpétuer leur odieux pouvoir.

C'est de la haute trahison que n'atteindra pas la nouvelle loi sur les traîtres.

L'ouvrier, le travailleur français, mais c'est le paria, l'indigne, il est repoussé de partout, on lui préfère l'étranger dans toutes les administrations et surtout dans les ponts-et-chaussées, ce dernier jouit de toutes les immunités, de toutes les faveurs, parce qu'au jour du scrutin, on est sûr de sa docilité.

A Bône, dans les élections, sur 2.000 votants environ, l'autorité locale dispose tout d'abord de 300 voix israélites,de 300 voix de naturalisés,de 300 voix d'employés d'administration,elle est sûre ainsi de la majorité, pourvu qu'elle ait deux ou trois cents voix françaises à elle.

Ainsi, a lieu l'écrasement du nom français et se prépare l'avènement d'un ordre de choses étranger.

Si la Commission des 18 a du patriotisme, voilà le mal qu'elle doit arrêter, en faisant voter spéciale-ment pour nos colonies, une loi ainsi conçue :

« Les étrangers naturalisés, les is-» raélites et les arabes naturalisés, ne » pourront exercer leurs dro'ts élec-» toraux, s'ils ne savent lire et écrire » correctement en français et s'ils » n'ont accompli le service militaire » de un à trois ans, obligatoire en Al-» gérie.

« Il en sera de même pour leurs » descendants. »

Ce que serait un attentat au suf-frage universel en France, est en Algérie, une loi d'exception indis-pensable à notre prestige et à notre domination.

D'ailleurs, fatalement, en France, la gratuité de l'instruction ramènera le suffrage universel à ces condi-tions si désirables pour la grandeur de la France.

Mais, si sur le sol national, on peut tolérer les inconvénients de l'i-gnorance, parce qu'elle n'est qu'un mal relatif, en Algérie, elle devient une monstruosité et une trahison de la Patrie.

Une loi spéciale dans le sens que nous avons indiqué est donc indis-pensable en Algérie, au prestige du nom français et à la continuation effective de son autorité.

Si non, donnez l'Algérie à qui la voudra, ça vaudra mieux que de paraître les maîtres et de n'être, en

réalité, que de vils esclaves, mépri-sés par nos sujets et chassés par eux de tous les postes, de tous les em-plois, de tous les travaux publics. Demandez à nos ouvriers, à nos en-trepreneurs.

La nécessité leur fait courber la tête, ma's, que de colère et d'indi-gnation au fond de leurs cœurs !

Nous n'avons pas sur l'heure de données suffisantes pour traiter cet-te question avec compétence.

Ce que nous savons bien, c'est que le Français, l'Européen a des charges réelles décuples de celles des indigènes, eu égard à leur nom-bre, sans faire entrer en ligne de compte, l'impôt indirect de l'octroi de mer, dont le poids pèse entière-ment sur les Européens, l'Arabe ne vivant que de céréales, de lait et de produits primitifs du pays.

Nomade, ne possédant que sa tente, il n'est possible d'atteindre l'arabe que par les impôts turcs ap-propriés à sa nature et à sa barbarie.

On a frappé ses cultures, ses bœufs, ses charrues, c'était le seul moyen de l'atteindre.

Nous reviendrons sur ce sujet cher à la Commission des 18, dont l'œuvre semble marquée bien plus par une préoccupation arabophile, que par l'amour des français et le désir de développement de la pros-périté du colon.

Son sort à ce pauvre diable n'est

cependant pas enviable, l'insécurité est son lot et la misère, son partage, car ils mentent ou ils abusent ceux qui affirment que l'Algérie est un pays riche, en l'état actuel, non, c'est un pays pauvre et il ne peut devenir riche que par le développement des irrigations, l'aménagement dans des réservoirs à créer, dans les ravins, des eaux hivernales.

Sans cela, O Messieurs les sénateurs, pas de richesses, pas de prospérité possible. L'Algérie, en l'état actuel, s'il n'est modifié, suivant notre idéal, restera un boulet au pied de la France.

Il faut avoir aux heures suprêmes le courage de dire la vérité et c'est aux hommes d'Etat à ne pas se boucher les oreilles.

Vous voulez féconder les Hauts-Plateaux, irriguez-les en aménageant leurs rivières à sec en été et les eaux pluviales des hivers.

Vous voulez féconder les plaines du littoral, en faire des jardins, décupler leur valeur, créer des paradis terrestres, irriguez-les.

Tout est là, le reste n'est que fumée, mirage, fantaisie, déception.

Légiférer dans la situation présente, c'est semer sur des sépulcres et essayer de ressusciter les morts, avec une dose d'arsenic ; les égyptiens traitaient ainsi leurs momies. Ce ne doit pas être le but de la Commission des 18.

Notre brutalité ne lui plaira sans doute pas, que nous importe, nous ne sommes pas des flatteurs et des valets, nous parlons à des représentants de la République et notre langage est celui de l'homme libre.

Leur intérêt est de nous prêter une grande attention, s'ils ne veulent pas soulever le rocher de Sesyphe, en perpétuel écroulement.

IMPOTS FRANÇAIS. — APPLICATION PROGRESSIVE DES IMPOTS DE LA MÉTROPOLE

J'étais l'autre jour avec un bouvier, un éleveur. Il avait une jeune génisse. Est-ce qu'elle te rapporte du lait ? lui dis-je. Eh ! Non, Monsieur, me répondit-il, elle est trop jeune pour la faire couvrir, le mâle la tuerait, il lui casserait les reins, elle n'a pas la force de le porter et si, par hasard, la bête n'en crevait pas, sûr, son produit ne serait qu'un avorton, avec cela que les pâturages sont maigres et que la pauvre est étique.

Ceci, Messieurs les sénateurs est l'image fidèle de l'Algérie, dont vous êtes les bouviers. Voulez-vous du lait ? Sachez attendre la fécondation et surtout la préparer.

Avec de l'eau et du fumier, on fait des prairies plantureuses et les vaches y prennent de vastes flancs, d'énormes quartiers de viande.

Voilà, Messieurs les sénateurs, tirez du bon sens de mon bouvier, celui qui peut vous manquer, par ignorance du pays que vous voulez règlementer.

Le colon succombe, la misère, la fièvre, les sauterelles, la sècheresse, les inondations, les vols, la mauvaise administration, les abus, l'arbitraire, la corruption en ont fait un misérable sans échine pour nourrir sa famille, et vous voulez, vous, lui coller sur le dos de nouveaux fardeaux, alors qu'il crève sous ceux que je viens d'énumérer.

Avant de songer à traire la vache, menez-là à lait, Messieurs les sénateurs, c'est facile : de l'eau, de l'irrigation, mais jusque-là, bernique, braves gens, vous n'arriverez si vous tentez l'aventure, qu'à faire un cadavre de la bête que l'on a tirée depuis soixante ans par la queue avec tant d'insenséïsme.

Tenez, le premier huron qui a voulu et préparé les rattachements, mérite avec toute sa suite, les malédictions de l'Algérie et de la France.

Ne soyez pas de cette bande là, vous en partageriez l'exécration.

C'est assez pour aujourd'hui, n'est-ce pas Messieurs les sénateurs, vous voilà fixés sur un point principal et l'élévation de vos caractères, la droiture de vos intentions, fera le reste.

RÉQUISITIONS

Le droit de réquisition, compensé par l'attribution d'une juste rénumération, est indispensable, surtout en Algérie, où l'apathie des indigènes, et souvent des européens, est flagrante et puise sa source en de sourdes inimitiés, mais ce droit devient canaille, misérable et honteux, quand il est exercé à la façon de la fine fleur des Maires opportunistes. *Je veux parler du citoyen Briet, Maire de Morris, village à 22 kilomètres de Bône.*

Vous ne connaissez pas, Messieurs les sénateurs, le citoyen Briet, type parfait de certains maires algériens ? Je vais vous le présenter, il en vaut la peine et servira à vos études, si elles sont sérieuses, ce qui doit être, à mon estime.

A l'occasion d'une précédente invasion des sauterelles, il se mit, en raison de ses fonctions, à la tête d'une souscription publique, en vue de soulager les victimes du fléau, de leur venir en aide ; les uns firent don de blé, d'autres donnèrent de l'argent.

On dit que le blé ensemença les champs de M. le Maire, on dit que l'argent a disparu dans une certaine proportion et ces on-dit se sont traduits par une plainte au parquet de Bône, contre le prévenu, plainte déposée *pour la frime*, en période électorale, par le Conseiller général du canton, M. Dominique Bertagna, dont Briet était et est encore une créature.

Cette plainte était revêtue d'une trentaine de signatures ; l'élection faite, Dominique Bertagna élu, après un simulacre d'enquête judiciaire, naturellement, elle a été classée, sous le prétexte que ses signataires n'offraient pas une garantie suffisante de moralité et d'impartialité.

La vérité, c'est qu'ils étaient les plus honnêtes du pays et aussi les plus libres, les plus indépendants, les plus indignés.

On n'osa pas aller jusqu'à poursuivre ces généreux citoyens en Cour d'assises, comme ils le désiraient, ils eussent fait la preuve des faits qu'ils avançaient et Briet eût dû rentrer dans une obscurité nécessaire au respect de la République, indignement salie par les turpitudes de ce politicien campagnard, mettant cyniquement en montre sa *truanderie* morale et physique.

L'adjoint de Morris M. *Bonnette* donna sa démission motivée sur l'indignité de Briet, basée sur ce qu'il ne se purgeait pas, en poursuivant ses accusateurs, des accusations de vol et de concussion, relevées contre lui.

M. Bouillane, membre du Conseil municipal de Morris, donna aussi sa démission dans les mêmes termes.

M. le Préfet, *sans s'émouvoir d'aussi futiles charges* contre un élu du suffrage universel, fit procéder à des élections nouvelles, les membres sortants furent remplacés par des créatures et Briet de s'écrier : « Voyez ! je suis un pur, le suffrage universel a répondu à mes détracteurs. »

Entre temps, ce Briet, un jour qu'il ribotait, et que son outre était trop pleine, *se déculotte* sur la place publique de Morris, en plein midi, devant des femmes et des enfants et se transforme en nuage artificiel, pour démontrer à ses administrés que s'il pouvait faire le beau temps, il était aussi à ses heures de soulographie, le dispensateur de la pluie.

Le parquet général fit une enquête judiciaire et il en résulta que tout était pour le mieux dans le meilleur des mondes opportunistes, d'après l'avis de Thomson et de Forcioli, nos députés *kachirs*, d'après l'avis de Jérôme Bertagna, président du Conseil général, maire de Bône, décoré de la Légion d'honneur, un Briet de la grande espèce, celui-là, plus habile dans l'art de gazer ses gredineries de tous genres, et encore d'après l'avis de M. Dominique Bertagna, frère du précédent, capable de tout, for le bien, par une hardiesse de la nature, jalouse de déposer en lui les vertus de banditisme, en germe chez son aîné, quelque chose comme le crime à deux têtes, n'ayant que deux bras au lieu de quatre.

Quant au Préfet, que pouvait lui importer que le maire Briet urine, par un beau soleil, sur la tête de ses administrés et ne rende pas compte de soucriptions.

C'est même très bien reçu dans un pays, où l'honnêteté et les mœurs austères sont tournées en dérision par les dépositaires de la puissance publique.

Enfin, pour en arriver aux réquisitions, voici comment ce même représentant de l'honneur et de la grandeur de notre République, en use :

Les sauterelles pondent dans sa vigne ; aussitôt, il réquisitionne 30 ou 40 arabes de la tribu des Beni-Urgines et les y fait conduire dès l'aube ; à neuf heures, on leur distribue un pain de *cinq sous pour deux hommes* et à la nuit on les congédie sans les payer, en leur offrant comme une précieuse faveur, la *gratitude de M. le Maire*.

Voilà ce qui se passe à Morris et un peu partout, tempéré par moins de cynisme. Par exemple, on raconte qu'à Blandan, sous les yeux de l'adjoint-administrateur, M. Arnaud, adjoint spécial, a réquisitionné des arabes de sa commune pour les mener aux criquets et, au lieu de cela, en a distrait une partie pour faire ses moissons, en sorte que ces victimes de l'arbitraire seront payées, si on juge à propos de leur donner un salaire, à raison de 0 fr. 40 par jour, prix dérisoire de la journée des réquisitionnés, au lieu de 2 f. 50 qu'ils eussent gagné en s'employant aux travaux agricoles de la saison.

On a mieux fait à ce même Blandan, chez certains propriétaires, on enleva les indigènes employés chez eux aux moissons, pour les mener aux criquets dans de semblables conditions.

Nous sommes prêts à prouver ce que nous avançons.

Voyez-vous Messieurs les sénateurs, en quelles mains sont tombés en Algérie, les destins de la République et comment les meilleures institutions, ainsi menées, deviennent exécrables et méritent la malédiction publique.

Et sachez que, ce reflet d'en bas, n'est qu'un atôme des tripotages qui se font dans les sphères élevées des élus du suffrage universel.

Certes, il a en Algérie beaucoup d'honnêtes gens, mais le pouvoir est tombé, grâce aux bulletins israélites, en la docilité des naturalisés à l'avidité et à la corruption d'une certaine catégorie de Français, dans les mains les plus dégoûtantes et les plus infâmes, dominatrices par la mise à sec de la banque de l'Algérie et par la corruption et la violence.

Triste tableau, Messieurs les sénateurs, qui, cependant n'a rien de chargé et mérite de passer à l'histoire comme un des phénomènes de la flore opportuniste, à l'état libre.

On nous dira que ce n'est pas par des réquisitoires de ce genre, adressés à la Commission des *18* elle-même, inféodée à cet ordre de choses, dont M. Jules Ferry *est* le chef, que nous arriverons à une réforme ; cela se peut et ne nous importe guère, car nous *écrivons* pour des oreilles mieux disposées à entendre la vérité, et non pas pour ceux dont le président est l'*auteur* de tous nos maux.

Encore est-il à croire que ces ré-*vélations* ne manqueron*t* pas d'impressionner même M. Jules Ferry, dont le sens politique est loin d'être obstrué.

Il comprendra, peut-être, que l'heure *est* arrivée, si on veut évi*ter* un cataclysme, d'opérer une épura-*tion* dans la République e*t* de la rendre respec*tacle*, sous peine d'une éruption populaire qui briserait d'un seul coup, l'ordre de chose actuel et les hommes placés à sa tête, car le mal de l'Algérie, étalé avec impudeur de ce côté ci de la Méditerra'née est le même en France, avec un peu plus de forme e*t* de bonne éducation, et si l'on nous traite au Sénat et au corps législatif de tous les qualificatifs désobligeants, c'es*t* uniquemen*t* pour donner le change à l'opinion et faire croire que ce qui se passe chez nous es*t* une exception, alors qu'en France, la prévaric*tion* et la corruption sont dorées, mais encore plus ignoble au fond.

QUESTION DU BUDGET SPÉCIAL

Nous avons dit que les inventeurs du régime des rattachements ont été cruellement funestes à l'Algérie, en lui imposant une partie des charges de la Mère-Patrie, alors qu'aucune de ses richesses n'ont été développées au préalable, et en tendant à lui appliquer une administration, une législation uniformes, incompatibles avec ses besoins et les éléments hétérogènes qui la composent.

Une colonie doit être régie par des hommes ayant vécu de sa vie. et en connaissant le fort et le faible; en dehors de ce mode de procéder, l'on n'arrive qu'au désordre, à la confusion, à la ruine.

C'est à Paris que les plus beaux fleurons de notre Patrie d'adoption ont été violemment arrachés et jetés en pâture aux créatures des divers pouvoirs qui se sont succédés.

On reproche à l'Algérie d'être une sangsue au flanc de la France, et, si le fait est vrai, à qui donc en incombe la faute ? N'est-ce pas au pouvoir suprême de la Métropole ?

Qui donc a disposé de cent mille hectares au profit de la Compagnie générale Algérienne, dont toutes les spéculations véreuses à la Bourse, dans des affaires absolument étrangères à sa devise sociale, ont été réparées par le plus pur du sang du pays qu'elle devait féconder ?

Faut-il rappeler le suicide à Londres, de son directeur général, M. de Guigné, à la suite de pertes énormes dans lesquelles il l'avait entraînée ?

Faut-il dire sa désastreuse liquidation pour ses actionnaires, liquidation qui ne fût autre chose qu'une banqueroute habilement dissimulée par son génie sauveur et tutélaire, M. Stildorf, dont M. Tarbet des Sablons n'est que le pantin.

Faut-il constater que l'Algérie n'est entrée que pour une part infime dans son désastre et que, cependant, elle seule, en a supporté les conséquences, puisque, grâce à de hautes influences gouvernementales intéressées à son sort, elle a été relevée de la majeure partie de ses obligations, en conservant la fleur de son apanage et en n'en abandonnant, pour justifier la transaction dont nous étions victimes, qu'une vingtaine de mille d'hectares de la dernière valeur.

Voilà donc quatre-vingt mille hectares arrachés à la colonie, sans aucune compensation, pour le bonheur de quelques gros financiers engagés dans le tourbillon de la grande Compagnie.

Nous ne parlerons pas des attributions terriennes faites à des particuliers bien en cour, de la magnifique richesse forestière algérienne, jetée en proie à des favoris, de l'incurée de l'administration forestière algérienne, incapable de mettre en valeur les étendues boisées, encore considérables, restant à l'Etat, mais jalouse, en revanche, par une sotte manie d'accaparement, de détenir une foule de parcelles englobées arbitrairement dans son domaine et qui sont propres à accroître les terres, si restreintes, de la colonisation.

Nous passerons sous silence les biens seigneuriaux laissés sans titre, en apanage, à la grande féodalité arabe, aux seigneurs de la tente, presque tous grands prêtres des Khouans, c'est-à-dire des plus terribles ennemis de la domination française.

On a gorgé cette secte redoutable au lieu de l'appauvrir, comme pour lui donner plus de puissance à l'heure du danger et, cependant, il est certain qu'elle est le porte-drapeau de l'Islame et qu'à sa voix, l'étendard du prophète peu ranger autour de lui les trois cents millions de Mahométans répandus sur la surface du globe.

Voilà ce que le pouvoir central, seul, a fait en Algérie, et aujourd'hui, vous osez reprocher au malheureux pays, que vous avez vandalisé, d'être pauvre, alors que vous avez ressuscité pour lui, une véritable Cour des miracles.

Il nous semble entendre un assassin adresser des reproches au cadavre de sa victime.

Puis, regardez son administration, sa justice, pantelantes et abaissées, devant les élus du suffrage universel, vicié et corrompu par les éléments israélites et naturalisés que vous avez criminellement introduits dans son sein, à tel point que, de proche en proche, la masse toute entière s'est gangrenée et que l'Algérie n'est plus qu'une vaste porcherie électorale.

Autrefois, l'électeur français avait de la dignité, de l'indépendance, il votait d'après l'élan de sa conscience. Un instant, les campagnes furent admirables d'énergie, notamment en 1885, mais les israélites de Constantine, vendus à Thomson, renversèrent toutes les prévisions et, de ce jour, la colonie fût entièrement livrée aux loups-cerviers de la bande infâme, chacun, renonçant à la lutte, se courba sous sa domination et mit en pratique le proverbe arabe : *Il faut baiser la main qu'on ne saurait couper.*

Honte, décrépitude, avachissement, corruption, bassesse, impunité pour le brigandage des élus du suffrage universel, tel est le spectacle invraisemblable qu'offre l'Algérie à l'observateur attentif.

Et cet état, où les lois et l'honnêteté n'ont plus de place, où tous les ressorts sont brisés, où presque tous les élus du suffrage et presque tous les fonctionnaires prévariquent, c'est vous, Messieurs les sénateurs, Messieurs les députés, qui l'avez créé.

Répondez !

Quelle puissance a sanctionné le décret Crémieux, naturalisant, en masse, les Israélites ?

Quelle puissance a édicté les lois sur la naturalisation ?

N'est-ce pas le Sénat et la Chambre ?

N'avez-vous pas, par ces fatales aberrations, créé des royautés à la députation algérienne, auteur avec vous, de tous nos malheurs et digne de toutes nos malédictions.

Qu'est-ce que votre gouverneur, votre justice, vos administrations devant la députation algérienne ? Des bâtons flottant à son gré, suivant on impulsion, obéissant à ses désirs et n'étant rien que par elle et pour elle.

Et vous voulez nous rendre responsables de vos fautes, des ruines morales et matérielles répandues autour de nous ?

Allons donc, Messieurs, faites votre *mea culpa.*

Quand vous aurez décrété que nul israélite, nul naturalisé ou indigène ne sera électeur, s'il n'a été soldat et s'il ne sait parler, lire et écrire correctement en Français, alors seulement vous rendrez la colonie à elle-même et à la Fanrce.

Jusque là, ce ne sera qu'une ignoble sentine incapable d'avoir un corps, une âme, un esprit, un visage.

Tenez, suspendez pour deux ans seulement l'électorat hétérogène, n'admettez à voter que l'élément français d'origine et tous les voraces qui nous dévorent sauteront comme des bouchons et seront remplacés par un ordre de choses normal et rationnel.

A un pouvoir verreux, dissolu, gangrené, détraqué, succèdera le règne de la justice et de 'a probité.

Essayez, si vous aimez la France et sa grandeur, si vous n'êtes pas des acrobates politiques comme ceux que nous dénonçons à votre indignation.

Et alors nous vous dirons : soyez grands, généreux, libéraux pour la France Algérienne ; laissez-là, sous votre contrôle, se gouverner elle-même, disposer de son budget, se mouvoir de ses propres forces.

L'Algérie si près de la France ne peut être qu'à celle-ci ou à une puissance européenne ; matériellement elle ne peut avoir d'idées séparatistes, son sort est lié à la France, si son amour du pays natal ne l'y attachait à jamais.

Mais si vous maintenez le suffrage aux inconscients, gardez-vous de l'autonomie algérienne, ce serait accroître le mal qui nous ronge et l'éterniser en rendant plus puissant encore ce qui est le plus canaille.

Ce qu'il faut, avant de rien asseoir, c'est chasser d'abord les voleurs du temple, à commencer par la députation algérienne dont le plus célèbre de ses membres, M. Thomson, a fait le coup de faussaire du Crédit foncier algérien.

Prenez nos députés, disséquez-les, ils sont l'image fidèle de leurs électeurs.

L'israélite y domine, le génois y est prépondérant, il y a de tout, excepté du français dans sa noble essence.

Est-ce avec ces éléments que vous fonderez ici quelque chose de grand et de durable.

Certes non ; donc prenez la hache, abattez ces tristes géants du mal et créez ensuite l'Algérie autonome.

Vous aurez bien mérité de la Patrie et nous nous inclinerons respectueusement devant vous, renonçant à nos préventions que vous aurez ainsi généreusement dissipées.

DOMAINE PUBLIC

Il a été gaspillé, jeté en pâture à la bande noire du favoritisme et par les pouvoirs passés et par celui présent, sous lequel le dévergondage du suffrage universel et l'omnipotence de ses tristes élus, reflétant tous ses vices, laisse loin derrière lui les désordres antérieurs et fait fleurir la prévarication et la mise à sac des richesses publiques.

Malheureusement pour les noceurs de la République en Algérie, les plus beaux joyaux de la fortune terrienne ayant été dissipés avant leur arrivée à la curée, ils n'ont pu que se rabattre sur les chemins de fer, les ports, les adjudications, les travaux publics, dans lesquels ils se sont néanmoins taillé d'amples fourrures.

A Bône, par exemple, M. Jérôme Bertagna, aujourd'hui président du Conseil général, maire de la ville de

Bône, chevalier de la Légion d'honneur, a, il y a quelques dix ans, fait payer à l'Etat ou au département, avec la complicité des ponts-et-chaussées, 116.000 francs, le matériel du port de La Calle, après résiliation de son marché, alors que ce matériel ne valait pas 10.000 francs, à ce point qu'il s'est englouti, on ne sait où, sans qu'il en reste vestige.

Très curieuse histoire à raconter au Ministre de la justice, s'il faisait arrêter les grands voleurs, ça viendra peut-être, il ne faut jamais désespérer d'une finale justice.

Plus tard, ce même personnage, Jérôme Bertagna, s'associait secrètement avec un entrepreneur du pays et lui faisait donner les adjudications de l'Etat, du département et de la Commune, bien qu'il fût Conseiller général et adjoint au maire, chargé spécialement de la direction des travaux publics.

Nous avons publié l'acte d'association, tombé en nos mains, à la suite de la déconfiture de l'entrepreneur en nom et nous avons démontré par A + B, que son associé Jérôme Bertagna tombait sous l'application de l'article 175 du code pénal et était passible de deux ans de prison et de la dégradation civique.

Non-seulement on ne l'a pas poursuivi, ni mis en demeure de nous poursuivre, mais, aujourd'hui, au lieu de la flétrissure qu'il a encourue, du bonnet vert qu'il devrait porter, brille à sa boutonnière, la Croix de la Légion d'honneur.

Pourquoi donc le député Thomson qui a fait le coup de faussaire du Crédit Foncier algérien, n'est-il pas décoré ; il nous semble qu'à notre époque où tout se fait au rebours de la pudeur et de l'honnêteté, la croix de la Légion d'honneur ferait très bien sur l'habit de ce faussaire de grande marque.

Il faut toujours honorer et récompenser le mérite.

Qui redira les tripotages à l'occasion des chemins de fer, des ports, des routes, des marchés, des abattoirs, des hôtels-de-ville, des conduites d'eau, des lazarets, des bancs de la Corniche ? Partout, c'est un vaste pillage, une orgie de concussion et de prévarication, souvent difficiles a prouver matériellement, parce que les principaux coupables se contrôlent eux-mêmes et qu'il n'y a pour eux, ni parquets, ni juges d'instruction, ni gendarmes, mais qu'il serait facile de dévoiler au grand jour, si la justice cessait de fermer les yeux sur ces méfaits, à cause de son manque d'indépendance et de la puissance des coquins qu'elle devrait punir et devant lesquels elle doit se courber, au contraire, si elle veut obtenir un légitime avancement.

Fermons la parenthèse et revenons à notre sujet, car nous nous apercevons qu'au lieu de nous être occupé de domaine public, nous n'avons dit que la façon dont on le dévalise, dont en vide sa caisse, dont on vole la France, l'Algérie et les contribuables.

Que reste-t-il au domaine public?

Quelques terres inférieures; quelques magnifiques domaines détenus indûment par de grands chefs arabes, quelques lopins de terroirs, compris arbitrairement dans le domaine forestier, c'est tout.

Aussi, convient-il de les réserver précieusement aux fils de colons et aux émigrants français dans les conditions que nous avons déjà indiquées et de faire rentrer à l'Etat, par MM. les receveurs des Domaines, tout ce qui lui appartient.

Détruire les Khouans et la grande féodalité arabe, la faire rendre gorge, tel est le but patriotique et humanitaire à poursuivre par la France, si elle a le soin de sa sécurité et si elle tient à ce que la colonie puisse augmenter sa population.

Nous écrivons ces articles sans méthode, au courant de la plume et cependant nous croyons qu'ils méritent une sérieuse attention, parce qu'ils sont moins dogmatiques que critiques et qu'ils mettent sous les yeux de notre Patrie, la vérité algérienne dans toute sa laideur et cela dans l'intérêt même de notre belle colonie et pour lui préparer un avenir d'honneur et de prospérité, à la place des boues dans lesquelles on la traîne ignominieusement.

C'est qu'hélas! Il n'y a plus en fait sur nos rives désolées que l'ombre d'institutions gouvernementales, le squelette existe, mais il n'a plus de vie particulière, ses ressorts sont à la discrétion des agioteurs, des prévaricateurs; ils se livrent à tous leurs caprices, sans même gazer leurs turpitudes, tant ils ont l'assurance de l'impunité.

A leur approche, les procureurs, les juges et même les gendarmes sont frappés de léthargie et absolument hypnotisés, le préfet s'incline jusqu'à terre et le sous-préfet imite avec empressement, l'aigle départemental.

Tous se gardent de heurts, même légers, avec la sacrée séquelle élevée au pinacle par le suffrage universel mâtiné et l'on en voit dont les loisirs sont si grands; l'abandon si colossal, qu'ils emploient leur douce quiétude, leur royauté nominale, comme sous les rois fainéants, à traire leur vache pour obtenir d'elle un beurre sans margarine, car leur plus grand souci est à la cuisine et au bon ordonnancement de leur table.

En sorte que l'immonde, la scorie, la boue, l'improbité, le crime, atteignent des proportions vertigineuses.

Ils triomphent bruyamment, grossièrement, cyniquement, sous la haute protection du ministre de la justice et de M. le Procureur général, gens trop bien élevés pour détruire d'un coup de pied vengeur, l'œuvre du suffrage universel, fausséeparles israélites etles naturalisés.

Pour rentrer dans l'ordre, il conviendrait, nous l'avons déjà dit, d'entourer les urnes de garanties protectrices et surtout de réveiller les gendarmes.

Que vient-on nous parler de Domaine public, quand tout est au pillage et quand la place de la majeure partie des têtes les plus élevées, les plus fières, les plus arrogantes, mais aussi les plus misérables, est à Nouméa ou sur l'échafaud.

Ah ! Si Danton revenait, auquel Constant veut ériger une statue, le bourreau aurait fort à faire et Constant lui-même en deviendrait livide de terreur.

LES FORÊTS. — DÉLIMITATION ET MISE EN VALEUR

Les forêts étaient naguère une des richesses premières de l'Algérie.

Elles ont été jetées en pâture à des créatures de l'Empire qui les ont saccagées, pour en tirer un produit immédiat; depuis quelques années, cependant, les successeurs des premiers concessionnaires ont fait des efforts pour arriver à une exploitation plus correcte et l'on peut citer dans leur nombre, de véritables forestiers, comprenant la valeur de leur bien et désirant en tirer de sages revenus.

Mais, à côté, il y a les lots réservés à l'Etat, par on ne sait quel miracle et ce qui devrait être considéré comme un bonheur, devient dans ses mains, dans les mains ineptes, arbitraires et crochues de l'administration forestière algérienne, une cause d'incendies et de désastres.

Non seulement aucune tranchée ne les garde du feu, aucun démasclage, aucun aménagement n'y a été exécuté, même d'une façon embryonnaire, mais encore le sousbois est impénétrable, c'est un repaire de fauves et un foyer à fournaises, d'où les flammes s'élancent pour dévorer les alentours.

Il est vrai que le personnel est nul ; deux ou trois agents forestiers ont des milliers d'hectares à surveiller, séparés les uns des autres, comme à plaisir, à ce point que, pour aller d'un cottage à l'autre, il leur faut généralement deux jours de promenade à cheval.

La seule utilité de ce personnel, presque toujours placé dans les villages, au lieu d'être dans leur sphère d'action, consiste à faire des procès-verbaux à tort et à travers, aussi bien aux indigènes, qu'aux colons. Ces exactions légales sur les populations environnantes, sont l'unique revenu de ces magnifiques étendues. Aussi, peut-on affirmer que la malédiction publique suit pas à pas les seigneurs et maîtres de ces inutiles régions.

Incapables de rien faire par eux-mêmes, ils ne savent se donner de l'importance que par la persécution, aussi les agents inférieurs, irresponsables des ordres qu'ils exécutent, sont-ils souvent victimes de la tyrannie ordonnée par leurs chefs ; on les tue, on les assassine, comme si c'était juste et comme si le poignard qui les frappe ne serait pas mieux logé dans le cœur des réels coupables.

Pour nettoyer le sous-bois, il faudrait dans nos forêts, d'immenses troupeaux, ce sont eux que l'on proscrit, c'est à leur occasion, que des monceaux de procès-verbaux sont dressés, à moins que........ Arrêtons-nous, la pente est trop glissante et la perspicacité de nos sénateurs et de nos députés sera suffisamment en éveil, si nous leur affirmons que le royaume forestier ne manque pas d'exacteurs et de prévaricateurs, surtout au sommet ; quelques-uns d'entr'eux, naguère, vendaient des forêts toutes entières et ce serait une histoire bien curieuse à écrire, si l'on voulait relever les exactions commises dans ce milieu tout à fait à la hauteur de notre fin de siècle.

A notre avis, l'État est impropre à faire prospérer les forêts algériennes, il faut les vendre par lots de 500 hectares au maximum, en imposant aux acheteurs, les travaux indispensables à leur mise en valeur et l'élevage dans chaque lot, de troupeaux, en rapport avec son étendue.

TRAVAUX PUBLICS

Il faudrait confier l'exécution des travaux publics à des mains intègres. Or, les ponts-et-chaussées qui en sont les grands directeurs ont une triste réputation et justement méritée, c'est l'arche sainte des larrons ; il faudrait des volumes pour raconter leurs voleries, là, comme ailleurs, la surveillance, le contrôle manquent, car ces Messieurs, comme le bûcheron dans sa cabane, sont rois chez eux et se surveillent eux-mêmes, alors que plusieurs escouades de gendarmes ne seraient pas de trop pour refréner leur éhonté pillage.

Nous en avons un exemple : Les 416.000 francs du port de La Calle. Les ponts s'écroulent, les routes disparaissent, leur entretien est ruineux, cherchez Messieurs et vous saurez pourquoi ; la caillasse, dit-on est dévorée par les ingénieurs, sous-ingénieurs, quart d'ingénieurs et autres. Quels estomacs ont ces gaillards là, l'autruche, le dindon ne sont rien auprès d'eux.

Nous avons parlé du dindon, saluez Messieurs, vous n'eussiez pas eu besoin de voter un million 1|2 à l'Algérie si on y élevait des dindons, au lieu d'y engraisser des ingénieurs, ceci incidemment, ils eûssent dévoré les criquets, ces braves dindons, mais on n'en veut pas, parce qu'on ferait du tort aux tripotages des tripoteurs tripotant aussi nombreux que les criquets.

Après l'ingénieur, fléau, pieuvre des travaux publics, vient les Conseils généraux, autre repaire de brigands, dont M. Jérôme Bertagna, président du Conseil général, maire de Bône, chevalier de la Légion d'honneur est le type le mieux réussi.

Là-dedans, l'intérêt public est le moindre des soucis, il faut contenter l'électeur, faire des travaux dans sa circonscription, se préparer des adjudications, créer des usines à fourbi.

Les maraudeurs fournissent la cantine,
On vit souvent aux frais de l'ennemi.

Aussi, décrète-t-on les travaux publics les plus insensés, tel que le chemin de Randon à Combes, tel que le port de Bône et tant d'autres coupés sur le même patron ; l'un a eu pour but de faire élire Conseiller général, M. Dominique Bertagna, l'autre, le député Thomson.

Qu'importe, disent-ils, c'est la France qui paie, mais vous la fatiguez, vous la volez, tenir un pareil raisonnement à des gens indélicats et de sac et de corde est inutile, ils passent outre, leur conscience est muette, il faut arriver à leur fins, ils y arrivent, mais la coupe est pleine, elle déborde et le dégoût des hommes et des choses algériennes est le fait de ces pillards éhontés.

L'heure est solennelle pour notre belle Algérie, il faut tout dire, nous dirons tout, de façon à ce que la France ne recule pas devant les sacrifices à faire pour nous conduire à la prospérité, mais qu'elle réveille les procureurs, les juges d'instruction et les gendarmes pour les grands malfaiteurs du pays et ainsi s'assurer que ces sacrifices ne tomberont pas dans le gouffre de la concussion et de la prévarication.

IRRIGATIONS

Nous avons déjà traité cette question.

C'est celle vitale de l'Algérie.

L'homme ne peut se passer de feu et d'eau.

Il a le feu sur la tête en ce pays, mettez-lui l'eau aux pieds.

Nous avons parlé de cent millions à dépenser pour irriguer les Hauts-Plateaux et le littoral, on nous dit que nous avons exagéré et que vingt millions suffiraient.

Il faut les trouver.

Et quand vous aurez, Messieurs les sénateurs, accompli cette œuvre réglementaire, vous aurez bien mérité de la France et de l'Algérie.

De la France, en l'affranchissant de tous sacrifices dans l'avenir pour sa belle colonie et en en recevant, au contraire, une partie des impôts.

De l'Algérie, en lui donnant l'outil nécessaire au développement de sa fécondité merveilleuse.

Venez Messieurs, en Algérie, vi-

siter nos steppes arides et infécon-
des, faute d'eau, ces Hauts-Plateaux
sauvages et jetant l'épouvante du
désert dans le cœur du voyageur
attristé.

Rome avait fait de ces pays, un
jardin magnifique, ainsi que l'attes-
tent ses monuments, ses voies, ses
aqueducs, les ruines des anciennes
cités, plantées jusque sur les confins
du sahara.

On se demande, en examinant autour de soi, la cruelle nudité du sol,
ce que les Romains pensaient en
fondant dans un pareil milieu, des
villes splendides, des monuments
presque impérissables et comment
ils considéraient cette terre, aux as-
pects maudits, comme le grenier de
Rome.

Et cependant, ils n'avaient à leur
disposition, ni les chemins de fer,
ni la vapeur, ni les merveilles du
XIXme Siècle dans l'industrie, l'art
et les moyens de communication.

Mais ils possédaient un secret que
nous avons oublié, à savoir que
l'eau courant dans les plaines, les
baignant, les raffraîchissant est, dans
les pays chauds, avec le fumier, l'é-
lément de vie, de fécondité et de richesse.

Imitez les Romains, Messieurs, et
dix ans après, si vous repassez dans
ces lieux désolés que vous aurez
parcourus avec tristesse, vous y
trouverez des oasis, des jardins, des
parterres, des fleurs rares, des ar-
bres gigantesques et des moissons à
défier la famine dans notre chère
France, et vous pourrez vous dire :
« Cette glorieuse transformation,
c'est notre œuvre. »

Alors, les populations se presse-
ront sous vos pas et acclameront
leurs bienfaiteurs.

Honneur au Sénat et à l'assem-
blée nationale, si elle remplit ce magnifique programme. Rome n'aura
rien produit d'aussi beau, parce que
nous avons à notre service ce qu'elle ignorait : la vapeur et l'électricité.

CHEMINS DE FER. — SUBVENTIONS ET GARANTIES D'INTÉRÊT. — TARIFS.

Évidemment, le développement des
chemins de fer en Algérie, est un élément principal de la colonisation ; que
faire de produits si leur valeur est ré-
duite de moitié à leur arrivée au port
d'embarquement, par suite de transports
par des charrettes, à dos de mulets ou
par dos de chameaux ? Ce sont là de ces
questions qui ne se discutent plus dans
l'ordre économique, mais encore faut-il
donner aux pays parcourus les moyens de
se développer : l'irrigation, la mise en
valeur des forêts, la mise en exploitation
et en rapport des richesses naturelles,
Tel est le but à poursuivre parallèlement
avec la création des voies ferrées ; en
négligeant ce point capital, en se figu-
rant qu'une locomotive, par son seul pas-
sage, fait surgir les moissons du sein de
la terre, on a commis une grande erreur,
ce qui est vrai, en Amérique, au sol
vierge et profond, traversé par de gigantesques fleuves, est absolument faux
dans notre colonie Africaine, où les cours
d'eau sont dévastateurs en hiver et à sec

en été, où la terre abandonnée à elle-même, n'est propice qu'à des végétations herbacées et sans utilité, asphixantes au contraire pour les plantes utiles.

En Amérique, la nature exubérante est tout et l'homme n'est qu'un accessoire.

Ici, au contraire, l'homme est tout et suivant son indolence, sa paresse ou son activité intellectuelle et physique, il atteindra la ruine ou enfantera la fécondité.

Considérez, Messieurs les sénateurs, Messieurs les députés, ce peuple arabe, dont le destin vous a confié la régénération.

Mou, apathique, fataliste, ennemi du travail, attendant son bonheur ou son malheur, avec un égal stoïcisme, du ciel, de son Dieu, de son Prophète, sa paresse, et sa paresse seule, le fait malheureux et le conduit au brigandage, au vol, à l'assassinat ; sous ses pas nonchalents, pousse les chardons, les jujubiers, les broussailles qu'il se garderait bien d'arracher ; il lui faut pour vivre, malgré sa sobriété, dix fois l'étendue nécessaire à un Européen, il est en un mot, suivant une définition retentissante, un peuple éminemment pasteur et guerrier.

Et, en effet, il n'a d'aptitudes que pour le gardiennage. Si l'on peut appeler cela garder que de s'étendre sous un arbre, de laisser errer à l'aventure ses troupeaux abandonnés et de les rassembler seulement le soir pour les enfermer dans un parc en plein vent, hiver comme été, parc primitif fait avec des piquets et des jujubiers.

L'existence inerte, la vie contemplative tel est le bonheur pour les indigènes d'Algérie, joignez y la haine du roumi, nom générique des Européens, les croyances ardentes dans ses traditions religieuses, tel est le peuple que vous allez essayer de galvaniser.

Ce n'est pas avec ces éléments, nous devons vous en avertir, que vous arriverez à coloniser l'Algérie.

A cette terre, relativement ingrate, il faut des hommes forts et des esprits puissants.

L'Algérie, par un travail opiniâtre, par les irrigations, fera un jour un paradis terrestre, mais actuellement, c'est encore un enfer où règnent en maîtres absolus, d'un côté, le brigandage arabe et de l'autre, le brigandage enfanté par la corruption du suffrage universel.

Les chemins de fer n'ont pas modifié cet état de choses, au contraire, ils lui ont fourni des moyens rapides de locomotion.

Actuellement, et tant que l'on ne captera pas les eaux hivernales et celles des lacs, des rivières et des ruisseaux, tant que l'on n'utilisera pas les 2.300.000 hectares de forêt que l'Etat possède encore, ils n'auront guère d'utilité que pour les touristes, tout en grévant outrageusement le budget de l'Etat et celui de la colonie.

L'histoire des chemins de fer algériens mais c'est encore une œuvre diabolique dans laquelle l'honnêteté a fait faillite.

Prenons pour exemple le Bône-Guelma. Sa confection ne devait coûter que 7 millions, sans volerie ; avec volerie, il est revenu à 15 millions ; huit millions ont servi à graisser les engrenages petits et grands de l'opération.

Et de ces 15 millions, dont 8 restés dans la poche des lanceurs, des manipulateurs et de leurs complices, placés dans tous les degrés de la hiérarchie sociale, nous payons l'intérêt à 6 p. 0|0 garanti à la Compagnie, ce qui fait une annuité de 900.000 francs.

Or, si la France avait fait un emprunt spécial pour les besoins de l'Algérie, voici ce qui serait arrivé :

1· Elle eût écono-
misé rien que sur le
Bône-Guelma.......... 8,000,000

2· 790,000 francs,
annuellement d'inté-
rêts, parce qu'elle ne
les paierait que sur
sept millions au lieu
de quinze et à trois
pour cent au lieu de
six. Et comme le
Bône-Guelma date de
1875, il a donc 15 ans
d'existence or, 790,000
francs 15 fois répétés
nous donneraient en
caisse comme écono-
mie indiscutable...... 11,850,000 fr.

Total d'argent volé
en 15 ans, rien que
sur cette question.... 19,650,000 fr.

En chiffre rond, 20 millions, le Bône-
Guelma n'ayant jamais suffi seulement à
ses frais généraux dont, par surcroit, nous
supportons la différence, comme consé-
quence inéluctable de la garantie d'intérêt.

Si le Sénat, la Chambre des députés
sont décidés à affranchir les contribuables d'une pareille spoliation, dont le
Bône-Guelma n'est qu'un exemple, rentrant dans la règle générale des tripotages algériens et autres, il ne leur reste
qu'une ressource pour atteindre leur
but : donner à l'Algérie un outillage
colonial complet pour la conduire à son
maximum de prospérité et faire couvrir
ainsi, par le transit des marchandises, et
les frais généraux, et les garanties d'intérêts.

Il restera un mal irréparable néanmoins, celui qui grève notre production
d'un intérêt à 6 p. 0[0 sur l'ensemble de
nos chemins de fer.

Toutefois, il serait facile d'atténuer cette
saignée, d'une durée de près d'un siècle,
en remboursant toutes les Compagnies
par un emprunt d'Etat à 3 p. 0[0, tout
en leur laissant l'exploitation, dans des
conditions à déterminer.

Quant aux tarifs, il est urgent de les
réduire en les rapprochant le plus possible des tarifs d'Amérique.

Dégrèver les produits, c'est les mul-
tiplier et leur ouvrir des débouchés dans
le monde entier, c'est permettre de con-
currencer ses rivaux, et la France n'aurait sans doute pas besoin de droits
prohibitifs, si les impôts, les taxes de
toutes sortes, grévant son agriculture et
son industrie, ne la mettaient hors d'é-
tat de lutter avec l'étranger, ce qui nous
conduit à la grave question de la réforme de l'impôt et à la question sociale,
étrangère, en apparence, à notre sujet.

INSTRUCTION PUBLIQUE. — JUSTICE ET CULTES

Les écoles arabes ne servent qu'à
grèver inutilement le budget de
l'instruction publique ; elles ne fe-
ront jamais faire un pas à la civili-
sation et à l'assimilation. Le musulman restera musulman et la bar-
rière créée par sa religion ne s'a-
baissera jamais. Sa constitution civile
et religieuse est une et indivisible ;
de ses écoles, sortiront de temps à
autres des budgetivores affectant
des sympathies intéressées pour la
France, mais le cœur n'y sera jamais et c'est juste ; les lèvres men-
tiront toujours.

Voulez-vous faire, Messieurs les

sénateurs, Messieurs les députés, quelque chose de profitable à l'indigène et à la colonisation ? Ouvrez à leurs enfants des écoles d'agriculture, des écoles d'arts et métiers, des écoles professionnelles, sans les leur imposer, ouvrez-les leur largement et laissez au temps le soin de les rapprocher de nous par le lien de l'intérêt.

L'organisation de la médecine chez les indigènes ne nous paraît pas utile ; pour vivre ou mourir, ils s'en remettent à Dieu et à leurs marabouts, presque tous ayant des connaissances médicales puisées dans d'anciens parchemins, débris de la splendeur des Maures ; ceux-ci entourent leurs remèdes, dûs à la flore du pays, de formules religieuses, de momeries et souvent ils guérissent leurs malades mieux que les membres de la docte faculté, pour la plus grande gloire du prophète.

Il est en Algérie, des docteurs arabes célèbres, vers lesquels on se rend de très loin et qui font des cures merveilleuses aussi bien parmi les français et les européens, que parmi leurs coreligionnaires ; ils n'empruntent leur clinique qu'aux simples, à la chimie naturelle, outrageusement délaissée par nos facultés, aujourd'hui enthousiastes de la médecine des poisons, dûe au règne minéral en grande partie.

Laissez, Messieurs les sénateurs, Messieurs les députés, chacun faire à sa guise, n'attentez pas aux us et coutumes de vos protégés, ne créez pas de nouveaux privilèges, il en est déjà trop, ils portent avec eux l'arbitraire et souvent protègent l'ignorance : sachez que nous marchons vers la liberté et que c'est la violer que d'imposer au malade un diplômé pour le soigner, alors qu'il n'a foi qu'en Dieu, qu'en son prophète et qu'en son *tebib* arabe, parce que savamment, ce dernier — n'en déplaise au corps médical — sait guérir en même temps, le corps et l'âme, en mêlant le spirituel et le temporel dans une juste proportion.

ORGANISATION DE LA JUSTICE FRANÇAISE ET INDIGÉNE

Dites-nous donc, MM. les sénateurs, MM. les députés, pourquoi vous voulez la justice à bon marché pour les arabes et pourquoi vous n'avez pas une égale sollicitude pour les Français et les Européens ?

Savez-vous que c'est là, de votre part, un triste patriotisme qui devrait vous valoir, en bonne justice, le poteau de Satory.

Réformez donc la procédure en général, rendez-là humaine, fermez le repaire de bandits qu'elle nourrit dans son antre et qu'elle engraisse de nos misères, alors vous ferez œuvre utile et généreuse, mais tant que nous vous verrons n'avoir de générosité que pour nos ennemis, nous aurons de vous une bien triste opinion.

Mais, pour vous suivre sur votre terrain de prédilection, sachez que la magistrature arabe est en majeure partie à l'encan et voici à ce sujet une légende arabe :

Deux plaideurs plaidaient, devant un cadi, sur un litige important. La veille du jour où ce dernier devait rendre sa sentence, le demandeur oublia 500 douros sur le siège de son juge, mais le lendemain matin, le défendeur lui ramena un taureau, à cornes d'or massif, qu'il dit dépendre du troupeau de son cadi, lui seul étant assez aimé du ciel pour posséder une pareille merveille.

Et les choses allèrent si bien que le demandeur fût débouté de ses fins et conclusions, comme on dit en style du palais.

Il était naturellement très irrité et dans sa colère, il rappela au cadi ses promesses récentes de lui faire gagner son procès.

C'est vrai, fit le digne magistrat, mais ton adversaire est chéri de Dieu et de son prophète, puisqu'il m'a ramené ce matin, un taureau à cornes d'or que j'avais perdu et que toi tu n'es arrivé à l'audience que comme un mécréant, sans avoir retrouvé la vache que je veux accoupler avec ce taureau pour perpétuer sa rare espèce.

Il va sans dire que notre cadi garda les 500 douros et le taureau à cornes d'or.

Messieurs, l'huître était bonne, adieu, vivez en paix.

Est-il besoin d'un autre exemple pour décider la suppression radicale de la justice musulmane ?

Néanmoins, cette justice a du bon, elle est expéditive, quelques faux témoins, il en est par état dans tous les prétoires, et le procès est terminé au gré du plus riche enchérissseur, la sentence est rendue et 24 heures après, elle est exécutée.

Toute balance faite, ce mode est préférable à la juridiction française, devant laquelle le faux témoignage a la même autorité, les frais de procédure et d'avocats représentant, et au delà, la part qu'il eût fallu faire au cadi concussionnaire et prévaricateur, sans compter que tous les hommes sont faillibles et que la tentation est grande pour nos juges de paix, entourés de justiciables habitués de temps immémorial à corrompre ses juges.

Nous connaissons un homme intègre qui a été juge de paix à compétence étendue et qui nous affirmait que dans les quelques années de sa magistrature, il eût pu faire une fortune de deux à trois cent mille francs, s'il avait permis à sa femme de recevoir les cadeaux que les indigènes lui apportaient.

Et puis, aux prétoires des justices de paix, ce n'est pas le juge qui juge ce sont les *aouns*, ce sont les interprètes, lui ne sachant que rarement quelques mots d'arabe et ne pouvant connaître des débats que ce que l'on veut bien lui en traduire, entouré qu'il est, d'*oukils* de *mhakmas*, ne connaissant pas le français, et d'avocats en robe ne connaissant pas l'arabe.

C'est une vraie pêche en eau trouble.

Sous l'empire du décret de 1886, la défense était libre et la plupart des agents d'affaires français, israélites ou maltais, auxquels les indigènes avaient recours pour plaider, parlaient couramment l'arabe et c'était un sérieux contrôle d'audience ; plus d'une fois, l'interprète était rappelé par eux, à une traduction plus fidèle.

Sous le prétexte de défendre l'arabe des rapines de son mandataire, le décret de 1889, interprété arbitrairement par M. le procureur général Flandin, a exclu du prétoire les agents d'affaires et a livré le justiciable musulman aux avocats, dix fois plus exigeants et au bon plaisir des interprètes et des *aouns*.

Ce même décret de 1889, a décidé que si le plaideur fait défaut au premier avertissement le jugement est définitif, s'il fait encore défaut après un deuxième avertissement.

Et comme rien n'est moins certain que la remise en ses mains de ces convocations successives, il arrive fréquemment que le pauvre diable est définitivement condamné sans savoir un traître mot du procès à lui intenté.

C'est toujours la pêche en eau trouble.

Il faut vous dire que d'après ce fameux décret, les avertissements sont envoyés, par raison d'économie, soit aux Maires des communes de plein exercice, soit aux administrateurs des communes mixtes et, comme ceux-ci n'ont aucun budget pour faire face à des frais de transports, ils remettent ces avertissements au garde-champêtre ou au cheik ; ceux-ci à leur tour, les confient à un *oukaf* qui les donne à un Kebir du douar ou à n'importe qui, en sorte que le hasard fait le reste.

Aussi, des erreurs judiciaires irréparables résultent-elles souvent de ce mode vicieux d'opérer.

Et si les plaideurs vont en appel, il leur faut d'abord consigner 45 f. puis, constituer un avocat, et ces Messieurs ne travaillent pas pour rien, en sorte que ce qui leur coûtait 10 francs chez le Cadi, leur revient parfois à 100, 200, 300, 400 fr. et plus.

Tels sont les bienfaits du décret de 1889.

INSTRUCTION PUBLIQUE. — JUSTICE ET CULTES

Nous avons dit toute notre pensée sur la justice appliquée aux indigènes en Algérie.

Si elle émane de leurs cadis, c'est une serrure à la clef d'or, elle ne s'ouvre pas sans le contact du précieux métal, à quelques exceptions près.

Si elle émane des juges de paix, elle est aveugle ou borgne, suivant le traducteur, les avocats français, les *oukils* arabes, les *aouns* et l'entourage.

Il ne devrait pas y avoir de juges français jugeant les indigènes aussi bien au premier degré qu'au second, ne connaissant à fond la langue arabe et l'interprète alors ne l'assisterait que comme contrôle, le greffier lui-même devrait aussi savoir l'arabe.

Ce serait de précieuses garanties de discernement et d'intégrité.

Ensuite, la preuve par témoins ne devrait pas être admise au-dessus de 150 francs, commé cela a été sagement édicté par le code civil, pour un peuple chez lequel cependant, le côté moral est bien plus développé.

Le législateur français, mieux avisé que les faiseurs de décrets, en matière musulmane, a compris que le sort des justiciables serait livré au faux témoignage, si l'importance de l'affaire permettait aux plaideurs de violer les consciences par la corruption et la vénalité.

A plus forte raison, fallait-il appliquer cette prudente disposition aux musulmans algériens, chez lesquels le faux témoignage est d'une pratique naturelle.

Autour des prétoires des cadis et des juges de paix, les faux témoins sont légions, ils sont armée, l'intéressé les recrute à la porte à tous les prix, suivant l'importance du procès ; « Tu diras ceci, tu diras cela » Et les adversaires en produisent autant que le juge consent à en entendre, c'est une honteuse comédie, enlevant tout prestige à l'idée de justice, la ravalant dans la boue, la courbant sous l'imposture.

Sont-ce là les us et coutumes des arabes que vous entendez respecter Messieurs les législateurs ? C'est du propre et l'on tremble de terreur en songeant qu'au correctionnel et au criminel, le sort des accusés est livré à de pareilles machinations.

A chaque audience, il est si facile de mettre tous ces bandits en contradiction, de les prendre en flagrant délit de mensonge et d'imposture, qu'il faudrait tous les arrêter ; alors on y renonce, le juge sourit de pitié et laisse dire, jugeant au hasard, à tort et à travers, sur des conjectures, sur des suppositions, d'après la vraisemblance et c'est ainsi que les auteurs des décrets sur la justice musulmane ont continué les scandales des cadis, en leur donnant plus d'amplitude, parce qu'ils connaissent moins ou ignorent plutôt complètement, la moralité des plaideurs.

Quelques magistrats, exceptionnellement madrés, s'en tirent assez bien ; un jour, devant l'un d'eux, un témoin indigène affirmait qu'un paiement important avait été fait devant un administrateur dix ans auparavant, l'administrateur était mort. Quel âge avait-il ? dit le juge. R. — Il était vieux. Avait-il des cheveux. R. — Il était chauve. Avait-il de la barbe ? Non.

Survient un deuxième témoin affirmant le même fait dans les mêmes circonstances, le juge lui pose les mêmes interrogations et cette fois, l'administrateur en question était jeune, avait des cheveux blonds et portait toute sa barbe.

L'hilarité s'empara de tout l'auditoire et même du juge, les témoins en furent quittes pour une admonestation et leur acheteur fût condamné à payer. Devait-il ? Nul ne le saura jamais, tant la fable, le roman prennent de place dans la plus simple affaire musulmane et cela aussi bien d'un côté que de l'autre ; le demandeur avait peut-être inventé la dette et le défendeur sa défense, l'intelligence de l'indigène étant merveilleuse dans les questions d'intérêt, formant, avec la religion, dont ils tournent facilement les préceptes, le fond de ses constantes préoccupations.

Parfois, la trame est naïve, mais d'autres fois, Machiavel lui-même se trouverait bien en retard sur les conceptions diaboliques du plus humble *fellah*.

Tel est le dédale dans lequel pataugent, plus ou moins savamment, les juges français en matière musulmane.

Étonnante façon de relever et de moraliser un peuple, que d'élever ses vices à la hauteur d'une institution.

Voilà ce qu'ont fait les auteurs des décrets de 1886 et de 1889.

Nous avons critiqué la manière vicieuse dont les avertissements sont donnés, les erreurs judiciaires qui en résultent.

Nous avons dit les frais épouvantables auxquels les plaideurs sont exposés en appel.

Et nous concluons que les français ayant un droit de priorité et subissant les mêmes exactions légales, il y a lieu de réformer le code de procédure, de supprimer le timbre, l'enregistrement, de supprimer les avoués, de rendre la liberté à la défense, d'habituer les citoyens à se défendre eux-mêmes en les traitant avec beaucoup d'égards et de bienveillance, en étant d'abord tolérants envers eux pour leurs écarts de langage et ainsi de faire profiter tous les justiciables, des bienfaits dont on rêve audacieusement de faire bénéficier les indigènes exclusivement, sans songer à nos nationaux, victimes depuis si longtemps de l'organisation judiciaire actuelle.

On dirait, à vous entendre, Messieurs les sénateurs, Messieurs les députés, que nous sommes les vaincus et les indigènes les vainqueurs.

Que vous êtes des arabes et non des français ; que la besace pour ceux-ci est chose juste et pour ceux-là une iniquité.

Pour nous Algériens, plus français dans notre misère que vous dans vos palais dorés, nous réclamons une réforme générale dont bénéficieront sans distinction et vainqueurs et vaincus.

Entre vous et nous, quels sont les sauvages ? Où sont les nobles sentiments, les aspirations généreuses, humanitaires, égalitaires, émancipatrices ? Décidez-en vous-même, Messieurs, et, rentrant dans vos consciences, portez la hache sur nos vieilles institutions monarchiques et arbitraires, accomplissez aujourd'hui, de bonne grâce, ce que le peuple commandera demain ; développez en un mot, l'idée républicaine, si vous voulez vous sauver du naufrage et conjurer de terribles responsabilités.

Régénérez aussi la magistrature, rendez-lui son indépendance, non pas seulement en la proclamant inamovible, elle n'en reste pas moins dans vos serres, par l'avancement dont vous disposez, mais en lui donnant un mode de recrutement en dehors de l'action gouvernementale.

Les cours, par exemple, désigneraient au suffrage les juges de paix et les juges de première instance.

La Cour de cassation élirait les Conseillers, les vices-présidents et les présidents de Cour, les premiers présidents et élirait ses propres membres.

C'est d'une simplicité antique et d'une haute moralité.

Alors, renaîtrait cette belle magistrature qui, en des temps moins serviles, faisait l'honneur du nom français.

Nous ne voulons pas du suffrage universel pour choisir la magistrature, parce qu'il la faut absolument indépendante et que le suffrage universel est le père des servitudes, tant qu'il n'aura pas été mis à l'abri de la corruption.

Nous ne voulons pas non plus confier à des corps élus sa sélection parce qu'ils sont l'image du suffrage universel et qu'ils en ont tous les vices.

Aussi, croyons-nous fermement que pour rendre la magistrature ce qu'elle devrait être, il faut remettre à elle-même le soin de son honneur et de son intégrité.

Nous ne voulons *toucher* à rien de ce qui *existe* et n'appliquer *notre* nouveau mode de recrutement que pour l'avenir.

Dans dix ans l'épuration sera faite et il ne restera plus sur les sièges de nos Cours et de nos tribunaux que des hommes dignes des hautes fonctions à eux confiées car, quoi de plus grand, de plus élevé que de rendre une justice intègre et inaltérable dans sa sérénité à ses concitoyens, à cette France si propre par ses aspirations généreuses aux plus hautes destinées.

Elle se dégrade, elle s'abaisse, elle se traîne dans la boue avec une magistrature dépendante et asservie.

Changez cette inversion à la morale, rétablissez la justice sur ses pieds, qu'elle ait le front dans le ciel, près de Dieu, source de toute justice, et demain renaîtra la grande nation, et demain elle vivifiera le monde et sera le modèle de l'univers, dont malgré toutes ses imperfections, ses dégradations voulues et exploitées par quelques misérables ambitieux, elle est encore la lumière.

LES INTERPRÈTES

La question des interprètes n'aurait en Algérie, qu'un mince intérêt, si les juges y étaient astreints à connaître la langue arabe, ce qui leur serait autrement utile que d'étudier les us et coutumes indigènes, que d'étudier une législation dans laquelle il est admis, pertinent, d'après ses plus célèbres commentateurs, que la femme, comme le chameau ou l'éléphant, à une période de gestation variant de sept mois à sept ans.

Ces illustrissismes collègues de Dalloz, plus forts encore que lui à dire oui et non sur toutes les questions de droit et de fait, eussent été dans leurs sententieuses affirmations ou négations, bien plus près de la vérité, s'ils eussent classé la malheureuse moitié du *fellah*, du *krammès*, de l'homme éminemment pasteur et guerrier, parmi les bêtes de somme.

Avez-vous, Messieurs les sénateurs, Messieurs les députés, parcouru lentement, les routes, les chemins, les sentiers sillonnant, le pays de l'Islam ? Hélas ! Non.

Eh bien ! Si vous voulez connaître le peuple auquel vous vous intéressez si vivement, il serait bon de faire un jour, avec nous, ou un autre guide, franc de collier, cette promenade d'agrément.

Tantôt, vous rencontreriez une pauvre femme indigène, des fillettes, des enfants, marchant à pied, à côté de leur mari, de leur père, cheminant, lui, à cheval ou à mulet.

Plus loin, vous les verriez ces mêmes victimes, portant des fardeaux plus lourds qu'elles, tournant des moulins à farine ou à café, coupant des jujubiers, arrachant des racines, tandis que leur maître se couche à l'ombre, en été et au soleil, en hiver.

Navrant tableau qui vous apprendrait que c'est seulement par l'émancipation de la femme que vous changerez les mœurs et coutumes respectables de vos protégés et que vous pourrez entrevoir l'heure de l'assimilation que vous désirez.

Mais, nous voilà un peu loin de notre sujet.

Revenons aux interprètes.

En l'état actuel, le sort des justiciables, ce qui est épouvantable, surtout au criminel et au correctionnel, est entre les mains de ces Messieurs.

Quelques-uns sont à la hauteur de leur mission, mais combien, en revanche, ou connaissent imparfaitement l'arabe et ses patois, suivant les régions, ou ignorent le français et ont l'esprit obtus, c'est le plus grand nombre, car il est à remarquer que souvent la nature accorde une grande mémoire à des imbéciles; nous en avons connu un de cette espèce, il savait le Coran par cœur, Sidi Khelil, tous les commentateurs arabes connaissait la grammaire de Brenier, les 29 formes des verbes arabes, et eût été un orientaliste distingué, si le ciel avait mis dans sa lanterne magique, au lieu d'une cresselle, d'une mémoire de perroquet, égale à celui de ma voisine, disant très bien des obscénités aux passants, l'étincelle d'intelligence et de conception qui sépare l'homme complet de la brute.

Eh bien! Messieurs les sénateurs, Messieurs les députés, le corps des interprètes judiciaires en Algérie, comprend beaucoup de ses êtres inachevés, à la conception demi-close, à la langue épaisse et ne traduisant qu'imparfaitement les demandes et les réponses.

La première qualité à réclamer d'un interprète, c'est une perception vive et complète, et de la langue française et de la langue arabe et du sujet qu'il est appelé à traiter.

Souvent, le président, le ministère public, les avocats, les jurés lui font poser les questions les plus habiles, les plus insidieuses; que faire s'il ne les saisit pas, s'il n'y met pas le trait de malice ou de malignité, qui en fait la réelle utilité, la Cour, le jury, le barreau se morfondent et dans ces conditions, la justice est livrée au hasard avec l'honneur, la liberté, et parfois la vie de l'accusé.

Mais il est encore d'autres défectuosités qui se produisent surtout dans les grands centres.

Là, l'interprète du tribunal de première instance est seul pour les audiences, pour l'instruction, pour le parquet, pour la justice de paix, pour les interprétations orales des actes notariés, pour la traduction des actes d'huissiers et des jugements en matière musulmane; il lui faudrait pouvoir accomplir dix choses à la fois, aussi, n'en fait-il aucune pour ainsi dire.

Il a comme une étude de clercsinterprètes et traducteurs ; les uns sont attachés au parquet, les autres, à l'instruction, à la correctionnelle, à la Cour d'assises, les autres préparent les traductions et lui, surveille sa cohorte et vole d'une étude de notaire dans l'autre, parcequ'il a droit au quart des honoraires du notaire, tant que ce quart n'excède pas vingt francs.

Ce sont des situations magnifiques dont les titulaires se font net de 15 à 20.000 francs annuellement, mais c'est aux dépens de la bonne répartition et de la respectabilité de la justice.

D'un côté, ils mènent une concurrence déloyale aux interprètes-traducteurs assermentés, au préjudice desquels ils s'engraissent, accaparant le travail leur afférent par des démarches, des sollicitations auprès des officiers ministériels, jaloux de vivre dans des relations amicales et protectrices avec tout l'entourage du parquet, du juge d'instruction et du tribunal, qu'un coup de langue acéré pourraient mettre en éveil sur certains écarts et sur les rumeurs publiques.

D'un autre côté, quelle garantie offrent les interprètes d'occasion ? qu'il se substitue aux dépens de l'Etat, puisqu'on leur passe comme frais de justice des vacations dont une partie sans doute, reste dans la poche du titulaire.

Ces choses-là sont sues en haut lieu, elles ne pourraient pas, d'ailleurs, se produire sans sa participation, mais Monsieur le fermier général des interprétations et des traductions a été assez habile pour se mettre dans les bonnes grâces du premier président, du procureur général, avec lesquels il correspond et dont il est l'agent secret.

Aussi, se garde-t-on bien d'exercer sur lui aucun contrôle, aucune critique, on recherche même ses bonnes grâces et toutes les réclamations publiques le concernant sont classées avec empressement, en s'en faisant même un mérite auprès de lui.

Voilà le mal, Messieurs les sénateurs, Messieurs les députés, déracinez-le en rendant à la magistrature sa dignité et son indépendance en la relevant de la servitude gouvernementale sous laquelle elle s'étiole, en lui donnant, en un mot, le le droit de se recruter elle-même, par le système que nous avons exposé plus haut.

Mais, vous ne le tenterez pas, tant à l'heure actuelle la pression, l'intimidation, le favoritisme, la corruption sont nécessaires à vos vices, vous craindriez de faire une vraie République, d'y introduire l'intégrité et la droiture et alors, adieu vendanges, c'est la nation qui la ferait à votre lieu et place ; vous irez jusqu'au bout, jusqu'à la roche tarpéienne et lorsqu'elle vous ouvrira ses entrailles, assurément vous l'aurez bien méritée.

Cependant, Gambetta, dont vous êtes les judas, voulait *tout ce que nous réclamons*; aussi, les nains, ont-ils jeté à terre le géant et lorsqu'il a été mort, ont-ils revêtu ses dépouilles pour faire croire au peuple qu'ils étaient ses continuateurs, alors qu'ils n'ont *été* que les fosseyeurs des grandes *et* magnifiques *conceptions* gouvernemen*tales* dont il eût, si vous ne l'aviez *tué*, poursuivi la réalisa*tion*, car c'*est* vous qui avez assassiné Gambetta, comme vous poluez *chaque* jour la République.

COURS D'ASSISES

La justice rendue par un jury impartial, est, à notre avis, la seule respectable, tant que la magistrature ne relèvera pas que d'elle-même.

L'institution du jury en Algérie, à la fin de 1870, fût donc un grand bienfait.

Elle fit cesser l'ère des condamnations prononcées à l'avance par le parquet général et consacrées servilement par d'indignes valets, à robe noire ou écarlate.

Il nous souvient de ce temps effroyable.

Nous vîmes un jour sur le banc des Cours prévôtales de cette époque, un malheureux jeune homme, accusé par des faussaires, d'attentat à la pudeur, de viol ; il se défendit avec l'énergie de l'innocence.

Vainement, le certificat médico-légal, dressé par Monsieur le docteur Bourguignon, médecin en chef de l'hôpital, officier de la Légion d'honneur, affirmant la virginité de l'enfant accusatrice à laquelle on avait imposé par la violence, ce rôle infernal, démontrait la fausseté de l'accusation, mis en regard des déclarations formelles à l'instruction et à la Cour d'assises.

Vainement, mille circonstances tendaient à la même conclusion : être accusé, alors, c'était être coupable.

Le malheureux succomba et fût condamné à quatre ans de prison.

Ce ne fût, sur l'heure, qu'un cri d'indignation.

Et depuis lors, il traîne une vie d'autant plus misérable que la famille de ses accusateurs est devenue puissante en Sainte-Opportune.

Aussi, comme autrefois, pas de justice pour lui, pas de réhabilitation, pas de revision, malgré vingt dépositions notariées établissant sa parfaite innocence et la trame dont il a été victime.

Au lieu de chercher à effacer les traces d'un passé aussi douloureux, les fils de ses accusateurs crurent accomplir un devoir religieux envers les leurs, en fermant les yeux à l'évidence et en poursuivant, sans relâche, leur victime dans sa fortune, dans son honneur, dans sa considération.

Et depuis 26 ans, cet homme sacrifié, ne trouve âme qui vive pour accueillir ses protestations et ses demandes de révision ; bien au contraire, chaque jour il est menacé d'être assassiné par ses ennemis qu'il ne cesse de poursuivre de ses malédictions.

Voilà ce qu'ont fait les Cours prévôtales de l'Empire.

Voilà ce que la République n'a pas voulu effacer, en votant une loi reconnue nécessaire depuis 1879, sur la révision des procès criminels.

Ceci ne touche pas à la politique. Pourquoi n'est-ce pas fait ?

N'est-ce pas là la condamnation du parlementarisme, se perdant en discussions oiseuses et ne trouvant pas le temps d'accomplir des réformes jugées nécessaires, indispensables depuis près de 12 ans.

Ce que je viens de vous raconter, est arrivé, Messieurs les sénateurs, Messieurs les députés, à celui qui signe au bas de cet article.

Ce n'est donc pas lui qui vous demandera la suppression du jury, bien que depuis son institution en Algérie, il ait souvent subi l'influence de la politique du jour.

Mais, nous croyons qu'il y a lieu d'enlever à sa juridiction les crimes commis par les indigènes, parce que chaque jour, Messieurs les jurés, victimes des attentats et des dépré-dations des arabes, atteints dans leur vie et dans leurs fortunes, ne sauraient être vis-à-vis d'eux, des juges impartiaux et parcequ'aussi, la charge qui leur est imposée, est trop lourde à supporter.

Sans être indemnisés, pour ainsi dire, il leur faut abandonner leurs propriétés, leur famille et venir souvent de 150 à 200 kilomètres, passer 15 ou 20 jours au siège de la Cour d'assises, pour y juger 19 accusés indigènes sur 20 affaires au rôle.

Il est donc urgent de créer une juridiction spéciale pour les crimes commis par les arabes.

La justice à eux appliquée n'en sera que meilleure et ce sera un allègement considérable pour nos braves colons.

Vous n'hésiterez donc pas, Messieurs les sénateurs, Messieurs les députés, à proposer cette salutaire mesure.

OFFICIERS MINISTÉRIELS

Les défauts, les vices de leur institution et de leur fonctionnement s'aggravent, en Algérie, de la non vénalité des charges qui leur enlève toute indépendance vis-à-vis de l'Etat et leur assure l'impunité dans tous leurs déportements s'ils emboîtent le pas aux roitelets du jour, Messieurs les députés, Messieurs les sénateurs du département.

C'est une infirmité de l'ordre de

chose actuel, une lèpre de la République opportuniste.

D'abord, la plupart du temps, on n'obtient une office d'avoué, de notaire, d'huissier, de greffier, qu'après avoir donné des gages aux hommes aux pouvoirs, après avoir été leurs courtiers électoraux, ou après avoir vendu son passé et ses convictions.

Tel était chef du parti radical ; il gênait la sainte cohorte des vautours. Voulez-vous être avoué, lui faisait-on tenir en secret, et en secret il répondait : oui. Un mois après, il était nommé et, d'avocat viril et indépendant, il devenait l'avoué du gouvernement et était chargé de tous ses procès.

Dans notre département, on s'y prit à peu près de la même façon pour faire d'un champion radical un député opportuniste, sous le couvert de la fusion.

Cuit pauvre oiseau plumé dans leur marmite
infâme.

Que faire à ce mal ? Rien pour le moment, les choses sont sales, mais sont bien, tant que durera l'ère de démoralisation que nous traversons.

On a reproché à l'empire sa corruption ; qui redira celle de notre époque ?

Qui fouillera dans les arcanes des violations professionnelles avec l'assurance de l'impunité, parce que le violateur appartient à la séquelle dominatrice.

L'Empire, rendons-lui cette justice, eût révoqué tous ces gens-là, l'Empire, au sommet, était gangrené, pourri, chancreux variolé, mais en bas, il exigeait de la pudeur, de la descence, de la probité, de l'intégrité, en raison inverse de ses scrofules.

Aujourd'hui, c'est à peu d'exception près, tout de la charrogne, de la base au sommet, voleurs et prévaricateurs, fourbes et ambitieux, le tout se vaut et ferait un excellent engrais dans nos terres appauvries.

On dit que les fleurs ont besoin de purin pour s'épanouir en vives et brillantes couleurs ; notre République est dans les meilleures conditions pour en produire et c'est, sans doute, à cette cause qu'elle doit quand même, l'éclat dont elle brille.

Aussi, laissons les officiers ministériels en paix, ils valent mieux, en somme, que le maire Briet, que Graziani le superbe, que Jérôme le prévaricateur, jamais ils n'ont fait sauter 116.000 francs d'un seul coup et ils n'ont pas encore, par des associations clandestines, encouru la déchéance civique.

POLICE ET SÉCURITÉ

Rendre les chefs arabes responsables de tout vol ou crime commis sur leur territoire, voilà le seul moyen pratique d'assurer la sécurité publique ; et cela avec d'autant plus d'équité qu'il ne se passe pas un méfait sans qu'ils en connaissent les auteurs, car, en pays arabe, sous la tente, tout se sait, mais les premiers traîtres sont ceux auxquels nous confions notre garde ; aussi, l'Algérie est-elle aussi bien famée que la forêt de Bondy naguère ; voleurs et assassins dans les villes et au sommet, voleurs et assassins dans les campagnes.

A Tunis, un soir, on assassina M. de Lassalle et jamais on ne découvrit les assassins, bien que la rumeur publique les désignât à la justice ; on assure même qu'on tint l'assassin sous les verroux et que, grâce à une puissante intervention, il fût rendu à la liberté. C'est qu'il n'était qu'un instrument et que s'il eût parlé, c'eût été grave, on préféra le silence et l'impunité.

CODE DE L'INDIGÉNAT — POUVOIRS ET ORGANISATION DES COMMUNES MIXTES

C'est la résurrection des bureaux arabes militaires avec cette différence que ces derniers agissaient en grands seigneurs, tandis que de nos jours, c'est navrant de petitesse et de vilenie.

L'institution serait bonne en des mains pures, il en est quelques-unes mais elles sont rares et l'administration préfectorale n'y tient guère la main, si l'on en croit certaines légendes de Bagdad que nous nous offrons de dévoiler à MM. les sénateurs et à MM. les députés, dans le tuyau de l'oreille.

RESPONSABILITÉ COLLECTIVE

Nous préférerions la responsabilité des chefs arabes, des *Khouans* notamment ; à défaut de celle-ci, la responsabilité collective s'impose.

NATURALISATION
DES INDIGÈNES ET EN PARTICUCIER DES KABYLES

C'est une utopie, un sottise.

L'insurrection de 1871 a été plus violente en Kabylie que partout ailleurs, rappelez-vous le massacre de Palestro.

Dans tous les cas, on ne saurait admettre à l'exercice des droits politiques et régionaux que les individus parlant et écrivant correctement le français et ayant servi volontairement la France.

RESSOURCES MILITAIRES QU'ON PEUT TIRER DES INDIGÈNES ARABES OU KABYLES

Les peuples en décadence se servent des vaincus pour leur défense mais un jour ou l'autre ceux-ci deviennent les maîtres et, c'est juste.

CONSTITUTION ADMINISTRATIVE DE L'ALGÉRIE

Elle doit être le plus possible autonome.

Le « statu quo » est l'impuissance.

Dans notre système, le gouverneur doit avoir des pouvoirs très étendus et les préfets également, par délégation.

Les rattachements ont porté un coup fatal à l'Algérie.

Assimiler l'Algérie à la France, c'est méconnaître ses besoins et ses différences de mœurs, de richesses et de population.

Un ministère de l'Algérie serait donc une lourde faute, puisqu'il tendrait à cette fin.

Admettre les indigènes à l'électorat, c'est préparer l'expulsion des Français et la prépondérance des Khouans et de la grande téodalité arabe.

Elle trône déjà dans nos Conseils généraux et communaux par la corruption des suffrages et l'inconscience des électeurs.

Une élection chez nous, c'est déjà assez immonde. Néanmoins, on compte encore quelques citoyens incorruptibles, mais dans le monde arabe, n'en cherchez pas.

S'il y a deux listes, l'une donne dix francs à chaque électeur, l'autre vingt, celle des Khouans, des grands chefs arabes, et ce n'est pas la première qui passe, croyez-le bien.

Le régime des lois est toujours préférable à celui des décrets et des arrêtés, mais encore faudrait-il confier la préparation de ces lois à des hommes compétents, à un Conseil colonial électif, par exemple, après avoir purifié et moralisé le suffrage universel.

Si non, il n'y aura rien de fait, et l'Algérie continuera à croupir dans les fanges de la députation algérienne.

A bon entendeur, salut.

Th. CELLERIN.
Rédacteur en Chef de la *Liberté*
Bône, (Algérie).

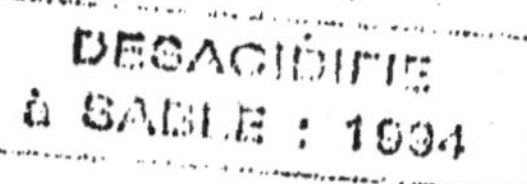

FIN.